四周学会
高效工作
悠闲生活

刘　洋◎编著

海潮出版社
Haichao Press

图书在版编目（ＣＩＰ）数据

四周学会高效工作悠闲生活 / 刘洋编著. -- 北京：
海潮出版社，2015.3
ISBN 978-7-5157-0786-0

Ⅰ．①四… Ⅱ．①刘… Ⅲ．①工作－效率－通俗读物
Ⅳ．①C935-49

中国版本图书馆 CIP 数据核字（2014）第 305120 号

书　　名：**四周学会高效工作悠闲生活**

作　　者：刘　洋
责任编辑：张　莉
封面设计：昇昇设计
出版发行：海潮出版社
社　　址：北京市西三环中路 19 号
邮政编码：100841
电　　话：(010)66969738(发行)　66969736(编辑)　66969746(邮购)
经　　销：全国新华书店
印刷装订：北京毅峰迅捷印刷有限公司
开　　本：710mm×1000mm　1/16
印　　张：18.5
字　　数：222 千字
版　　次：2015 年 3 月第 1 版
印　　次：2015 年 3 月第 1 次印刷
ISBN 978-7-5157-0786-0
定　　价：36.00 元

前　言

这个社会有这样一群人：他们有着令人艳美的职位和薪水，却整日被工作束缚；他们的高档衣服都是"工作服"，吃饭都是简单的"工作餐"；他们没时间照顾孩子，没时间探望父母，更别说好好陪爱人度假了。

要问他们为什么会陷入这种状态，他们会无奈地回答：本来心中有伟大的理想，例如周游世界，例如建个私人美术馆，可这都需要钱啊，于是就拼命工作，最后变成这个样子——钱有了，理想还遥遥无期。

有一首歌里唱道："曾经有人说，有时间没有钱。他也曾说过，有了钱却没时间。"为什么这两种矛盾的状态会在同一个人身上出现呢？因为从根本上来说，引发这两种尴尬状态的本质是一样的，那就是工作效率的欠缺。

同样的工作，对于不同的工作态度却表现出不一样的工作状态。那些工作效率高的人既能非常出色地圆满完成工作任务，又能很好地享受业余时间，呈现出一种游刃有余的工作状态。而对于一些工作效率低下的人来讲却表现出时时显得疲于应对，总有做不完的事情，业余时间也不能尽情享受，从而影响了自己的人生状态。

时间对每个人都是平等的，工作效率高了，可以用来休闲的时间也就多了。反过来，休息得好，身体强健头脑清醒，工作效率也才有保障。

工作和生活是我们人生中最重要的两件事，两者相辅相成，又互相作用。究竟是令人羡慕的工作重要，还是拥有一个幸福悠闲的生活重要？孰是孰非，不是能简单回答的。发挥智能和实现生命价值的工作是快乐的。当工作和生活能互相平衡时，它们往往能相互促进，提升工作和生活的整体效率和质量。所以要在心里放一个跷跷板，保持内心的平衡，才能保持工作与生活的平衡。懂得把握平衡原则的人在多么紧张工作的情况下，都知道该怎样调节自己的生活节奏和工作状态，怎么体味生活中的情调和趣味，保持一种从容和风度，始终保持一颗平常心、平衡心。有时候，来自各方面的压力让我们不得不过多地顾及了工作而忽略了生活。这种暂时性的失衡是难免的，但不要让它成为习惯，两者的平衡才是重要的。

本书就是这样一本教给职业人如何提高工作效率，如何平衡工作与生活的宝典。每天阅读一个章节，你就可以在四周的时间里了解如何安排自己的工作与生活，才能让工作更高效，生活更悠闲。

最后，祝愿所有职业人都能在工作和生活中找到快乐，从而拥有完美的人生。

目　录

第一周星期一
· · ·
心态决定效率

什么要素影响着人们的工作效率，这个问题可能会有很多的答案，但一个答案常常被职业人所忽略，那就是工作心态。心态影响人的情绪和意志，情绪和意志决定人的工作效率。要做一名有效率的职业人，应先从心态开始。

树立积极的工作心态

> 经验显示，成功多因于赤忱，而少出于能力。胜利者就是把自己身体和灵魂都献给工作的人。
>
> ——查尔斯·巴克斯顿

工作心态直接决定着人们的职场生涯和事业的发展。很多工作者想得最多的往往是：公司能为我做些什么？怎样才能让自己得到更多的好处？一个总是希望自己能够从公司得到更多，工作上却不严格要求自己甚至我行我素的员工无疑是无法得到重用和赏识的。这种心态与做法于公于私都毫无裨益。

那么，什么是积极的工作心态呢？在工作中所体现出来的对工作的认同感和参与感，将工作看成了自己的事业而并非一个简单的养家糊口的职业，这就是积极的工作心态。它是人对工作价值的认可。只有能够全面理解工作价值的人才能找到高效的工作方法，才能取得事业上的成功。

有这么两个小伙子，汤姆和杰瑞，同时受雇于一家蔬菜店。他们的起点相同，但是过了几个月，老板给杰瑞涨了工资。汤姆觉得自己也很努力工作，却没有加薪，遭受不公正待遇，就到老板那里发牢骚。

老板耐心地倾听了汤姆的抱怨，然后对他说："这样吧，让我们来看看你的表现。你现在到批发市场去，看看今天早上有什么卖的？"

汤姆很快去了批发市场，回来向老板汇报说："今早只有一个农民拉了一车土豆在卖。"

"有多少?"老板问。汤姆赶快又跑到批发市场,然后回来告诉老板一共有40袋土豆。

"价格是多少?"汤姆又第三次跑到批发市场问来了价钱。

老板对累得气喘吁吁的汤姆说:"好,现在你来看看杰瑞是怎么做的。"他把杰瑞叫来,下达了同样的指示。过了一会儿,杰瑞回来汇报说:"市场上只有一个农民在卖土豆,一共40袋,每袋100块。土豆质量还不错,我就带回来一个样品。不过农民说明天会有又好又便宜的西红柿,不知道您是不是感兴趣,所以我把那个农民也带来了,他现在正在外面等着呢。"

老板转向了汤姆,说:"你现在肯定知道为什么杰瑞的工资比你高了吧?"

正因为杰瑞有着积极工作的心态,而不是像应付差事一样,老板叫做什么就做什么,因此他的工作才高效而又成就,自然也值得老板付出更多的薪水。

积极的工作心态不但能帮助我们高效地完成本职工作,还将帮助我们得到机遇的青睐。当你把以下几种积极的工作心态带入你的工作中时,你就会重新认识你的工作价值。

首先,要有主人翁的心态。不管公司处于什么样的状态,你都愿意全力以赴,这就是做主人翁的心态。相对而言的就是仆人心态,把自己当成企业的仆人,只是在为别人被动地工作,自然也体会不到工作的快乐和成就感。要想成为一名优秀的员工,就应该把公司的事情当做自己的事情,用主人翁的心态去面对工作。

其次,要有干事业的心态,要用前瞻性的眼光来对待自己目前正在从事的职业,认识到在做好工作的同时,实际上也是在开拓自己的

事业。只有在工作中多一分积极、多一些努力、多一些合作和忍耐，才能在一次次的超越过程中拓宽视野，积累才能。

最后，要有对自我负责的心态。工作不是为老板做，而是为自己做，在工作的过程中不仅要有热情同时对结果负责，这也是对自己的人生负责。只有意识到任何工作的最终目的都是为了自己，才能够真正地投入到工作中去。

相应的，我们也要努力避免消极工作心态的侵蚀，这些消极的心态会拖住我们腿脚，让我们步履维艰。

最常见的消极工作心态是认为自己的工作单调而乏味。由于分工的需要，几乎所有的工作都是机械重复的，比如，秘书打完一篇稿子又打一篇，医生动完一次手术又动一次，电影明星拍完一个镜头又拍另一个。同样是在重复，但结果却大不一样。同样一份工作在你看来简单乏味，但是在别人看来却很有可能趣味盎然；有些人在重复中迷失了自己，整天抱怨，而有些人却能够在重复中找到工作的乐趣并在事业上取得成功。所以真正枯燥乏味的不是工作，而是你对待工作的态度。

其次，认为自己是"工作机器"。无需否认的是，由于从事琐碎、重复的工作，很容易让人觉得自己就像一台工作机器。但这仅仅是"像"，也就是意味着"还不是"。所以正确地看待自己以及自己的工作才是工作轻松愉快的保证。

整天抱怨自己没有休息、娱乐时间的人并不是一个优秀的工作者，也永远没有机会成为一个优秀的工作者。高效的工作者懂得在工作与娱乐之间进行适当的心态调节，他们很少觉得自己是一台工作机器。其实我们可以换一个角度去看待工作和娱乐的关系，两者都是你的生活，爱你的工作就像爱一个人一样，开始的时候可能沉迷在新鲜、刺激中，但长远的爱一定是发自内心的选择。工作并不是一边在热带海滩上享受，一边伸手接过工资，而是要对其投入所有的爱、活力和创造力，只有这样，你的工作才是对自己有价值的。

每一份工作，或者说每一个工作环境都无法尽善尽美，但其中都存有许多宝贵的经验和资源可以任你收获，无论自我成长的喜悦、失败的沮丧、和善的工作伙伴还是永远在刁难你的客户，这些都是事业成功路上必须学习、经历的感受，同时也是人生的巨大财富。积极的工作心态是事业成功的基础，它能使你勤奋敬业、脚踏实地、戒除浮躁；也能提升你的进取心和创造力，使你在困难和压力面前能够挺住，不断地提升自我价值。如果你能每天怀抱着积极的心态去工作，你就会收获很多。

认识时间的价值

> 敢于浪费哪怕一个钟头时间的人，说明他还不懂得珍惜生命的全部价值。
>
> ——查尔斯·罗伯特·达尔文

"时间就是金钱"，是人们普遍认可的一句话。时间可以换来金钱，但金钱未必可以换回我们的时间。工作者把月薪和整月的时间相核算，就能算出一个小时的价值，这是一个时间成本的计算过程。注意到时间的货币价值，将有助于我们自觉地减少时间的浪费和虚度。

在一家书店里，有位犹豫了很久的男士开口问店员："这本书多少钱?"

店员回答："1 美元。"

"1 美元?"这人又问,"能不能便宜些?"

店员说:"这我做不了主,它的价格就是 1 美元。"

这位顾客又看了一会儿,然后问:"经理先生在吗?"

"在,"店员回答,"他在印刷室忙着呢。"

"那好,我要见见他。"这个人坚持一定要见经理。于是,经理就被请了出来。

这个人问:"经理先生,这本书你能出的最低价格是多少?"

"1.25 美元。"经理不假思索地回答。

顾客惊讶地说:"1.25 美元? 您的店员刚才还说 1 美元 1 本呢!"

"这没错,"经理说,"因为我情愿倒给你 1 美元我也不愿意离开我的工作。"

顾客心想,算了,结束这场自己引起的谈判吧。他说:"好,这样,你说这本书最少要多少钱吧。"

"1.5 美元。"

"1.5 美元? 你刚才不还说 1.25 美元吗?"

"对。"经理冷冷地说,"我现在能出的最低价钱就是 1.5 美元。"

这人默默地把钱放到柜台上,拿起书走了。书店经理给他上了终生难忘的一课:时间就是金钱。

本杰明·富兰克林说:"记住,时间就是金钱。比如说,一个每天能挣 10 个先令的人,玩了半天,或躺在沙发上消磨了半天,他只会认识到仅仅是在娱乐上花费了几个先令而已。不对! 他还失去了他本应得到的 5 个先令。金钱就其本性来讲,绝不是不能开价的。钱能生钱,而且它的子孙还有更多的子孙。谁杀死一头生仔的猪,那就是消灭了它的一切后裔,乃至于它的子孙万代,如果谁毁掉了 5 先令的钱,那就毁掉了它所能产生的一切。也就是说，毁掉了一座英镑之山。"

英国沃里克大学的经济学教授伊恩·沃克认为，人们的时间价值，等于他的工资除以当地平均生活成本，再乘以 0.99。这样，平均下来，一分钟对于英国男人来说值 10 便士，对于女人来说值 8 便士。根据沃克教授的理论，时间宝贵极了，甚至你刷 3 分钟牙便会令你失去 30 便士；如果自己动手洗一次车，除了水和去污剂要花钱外，还有 3 个英镑的时间损失费呢。这个公式不仅解答了"时间到底值多少钱"的问题，而且还对人们的生活具有很大的指导意义。比如，时间管理者可以借助这个公式来计算自己加班到底划不划算，打车省钱还是乘公共汽车省钱。

这样计算一下，你浪费了多少时间就是在损失相应数额的金钱，人们就会更具体地体会到"时间就是金钱"这句话的分量，就会开始注意不去浪费自己宝贵的时间。当然，这并不是说让你时时刻刻工作，不与人聊天和休息，那就失去工作的意义了，聊天和休息自有它们的价值。这里的意思只是让每位时间管理者清楚自己的时间价值。

计算出自己每小时的价值，有助于人们在做事时，将机会成本考虑进去。例如，是花 3 小时的时间到火车站买票，还是花 15 分钟在附近的售票代办点买票？当然，后者要多付 5 元的手续费；再如，你是愿意花好几天的工夫把自己的手稿抄一遍，还是索性花 100 元钱让打字社的小姐为你把手稿打印出来？这类情况会遇到很多，只要你对自己的时间价值心中有数，相信你会做出既节省时间，实际上也是节省金钱的决定。

美国经济学家尼可拉斯·格里高利·曼昆提出这样一个问题：迈克尔·乔丹应该自己修剪草坪吗？他的观点是，乔丹应该让隔壁的小姑娘杰尼弗用 4 小时时间去修剪草坪，付给她同样时间在麦当劳打工

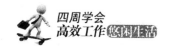
可以挣到的 20 美元或再多一些钱，而他自己则可以利用这修剪草坪的
4 小时时间去拍广告片，2 小时就可以挣到 1 万美元。

时间的价值是通过"充实的劳动"来实现的，而不是凭空想象，而
且对于每个人来讲都有不同的价值量，例如在同一天内，甲缝了 6 个手
袋，而乙却只缝了 4 个手袋。可见甲在这一天的时间价值就大于乙的时
间价值。由此可见，时间的价值量正是由个人在这段时间内的劳动量的
价值来衡量的，劳动量的价值越大，那么时间的价值也就大。不同的人
在对待时间价值上的不同态度和观点，决定了其不同的人生经历。要想
成为一名成功的工作者，只有知晓时间的价值，并以实现时间价值目标
付诸实践行动。有效地使用自己的时间，就是在创造财富。而要做到这
一点，每位工作者都要清楚地算算自己的时间价值是多少。

提高工作热情

如果一个人不能在他的工作中找出点儿浪漫气氛来，这不
能怪罪于工作本身，而只能归咎于做这项工作的人。

——安德鲁·卡耐基

工作效率低的重要原因之一就是对工作缺乏热情。试想，当你冷
淡地出现在办公室里，案头的工作对你而言就像是一具枷锁，使你厌
倦，又怎么能愉快地去完成它们呢？

世界上有好多人专为薪水而工作，他们不尊重自己的工作，不把
自己的工作看成是创造事业的要素，发展人格的工具，而视为衣食住
行的供给者，认为工作是生活的代价、是不可避免的劳动。工作固然

能解决生存问题，但是比生存更可贵的，就是在工作中发展自己的潜能，尽自己的才干。如果工作仅仅是为了生存，那么生命的价值也未免太低了。如果你能够做到不为薪水而工作，那么你一定可以体会到工作的乐趣。

许多人因为所得的薪水，在他们看来低于自己的应得之数，于是在工作时故意使工作的数量恰好与所得的薪水"两讫"为度，他们对工作故意采取一种躲避不及的态度。其实，成功不在于工作的本身，而是面对工作的态度。只要懂得转换工作的心情，把原本枯燥乏味的工作当成有趣的游戏进行，自然可以做得轻松愉快。没有人可以保证你每天都能够干自己喜欢的工作，就算你有跳槽的本领，也不可能找到完全符合你兴趣的工作。因此，每一篇"求职者须知"都告诉你要适应工作，而不是让工作来适应你。所以，我们在面对自己不喜欢的工作时，也要保持一定的热情，让自己把工作与兴趣结合起来。

几乎每个人心中都规划着事业上的宏伟蓝图，渴望着在自己所从事的工作岗位上施展自己的才华，实现自己的远大抱负。但是，并不是所有的人都能够找到真正适合自己的工作。事实上，很多人很快就会发现自己所从事的工作过于枯燥，于是慢慢就开始迷茫、退缩，产生厌倦情绪。然而对于同样的工作，有人成天郁郁寡欢，抱怨自己的工作不好，但是也有人天天心情舒畅，把工作当享受。可见，我们需要做的并不是要急急忙忙地去寻找适合自己的新工作，而是要在你目前所从事的工作当中寻找快乐。

对待任何工作，正确的心态应该是：耐心去做这些单调的工作；培养出克己的心智。如果最初无法培养这种克己的心智，渐渐地便难以忍受呆板单调的工作，而一个又一个地调换工作场所，并慢慢地被调到条件差的工作岗位，而逐渐成为无用的人。所以即便是单调且无

趣的工作，也应该学习各种富有创意的方法，使该工作变得更为有趣且富有意义。

萨姆尔·沃克莱刚刚进入工厂时的工作就是日复一日地拧螺丝钉，就像《摩登时代》里卓别林扮演的那个工人一样。看着一大堆螺丝钉，沃克莱满腹牢骚，心想自己干什么不好，为什么偏偏来拧螺丝钉呢？他曾经想找经理调换工作，甚至想过辞职，但都行不通。最后他考虑能不能找到一个积极的办法，使单调乏味的工作变得有趣起来。于是，他和工友商量开展比赛，看谁做得快。工友和他颇有同感。

这个办法果然有效，他们工作起来再也不像以前那样乏味了，而且效率也大为提高。不久，他就被提拔到新的工作岗位。再后来，他成了火车制造厂的厂长。

那么，究竟该如何从工作中寻找快乐呢？变化繁多的游戏总比单纯的游戏来得有趣。同样的道理，富于变化的工作可使人们充分施展自己的才能，享受无穷的乐趣。其实，要在工作中寻找快乐只需要调整现在的作息或心态就可以了，有人曾经提出 6 个具体建议，用字母 A 到下来表示。

A 代表采取行动（Action）：当在原来组织发生问题时，可以问自己可以做些什么、自己有什么选择，可以主动和上司沟通发生了什么问题，应该如何解决等等。

B 代表调整观念（Belief）：如果行动计划无法实现，应该考虑调整自己的观念。例如设法使自己了解自己的处境"比下有余"。

C 代表宣泄情绪（Catharsis）：如果被消极的心态缠得太紧，观念一时无法更改，可以找朋友等其他渠道，把情绪抒发出来。心态管理就像治理洪水一样，最好能够疏导。

D 代表分心调剂（Distraction）：用兴趣、爱好让你暂时转移注意力，这是避开压力很好的辅助策略。

E代表发现意义（Existentialism）：Existentialism 是哲学概念"存在主义"。也就是说，你必须好好地问自己，到底自己想要追求的是什么？你做的这个工作的意义是什么？这个工作对你还有没有意义？如果你连一点意义都找不到，也许就应该考虑换工作。

F代表增强体能（Fitness）：要给身体持续充电，重视饮食、营养、运动以及适当的医药，保持健康的身体。

倘若能把工作看成娱乐，就能以工作为消遣。而劳动和娱乐的不同点就在于思想准备不同。娱乐是乐趣，而劳动是"必做"的，假如你是职业球员，如果把注意力放在比赛的娱乐功能上，就可以和业余球员一样更加愉快地投入比赛。所以，要习惯于将你的工作视为业余活动。挑选对自己适性、适情的工作。如果工作能符合自己的喜好，便可从中产生很大的兴趣。只要站在客观的立场，列举出自己的各种专长、成就和特质后，便能得知自己感兴趣的项目有哪些，然后从其中找出最适合发挥的才能，好好发挥所长，就能认真努力工作而不感到辛苦。

第一周星期二
完善工作环境

　　心理学家说，行为就是有机体用来适应环境的反应系统。每个人都有自己独特的工作习惯，这些习惯有的是我们在学校甚至幼儿园时期就定型了的，有的却是在工作当中逐渐养成的。工作环境对人们养成良好的工作习惯有很大的影响，良好的工作环境——包括办公室、办公桌甚至你上班穿的服装，都会让你的工作效率受到影响。

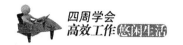

布置高效办公室

> 人的素质都相同，只是环境产生差异而已。
> ——格奥尔格·克里斯托夫·利希滕贝格

英国文学家乔治·爱略特说过："就所有的生物而言，即使最强烈的内在本质，在很大程度上也是由其所处的外部环境而造成的。"一个人即使有着强烈的工作意愿，但是待在一个嘈杂杂乱的办公室里，工作效率也会下降不少。

世界各地的工作者一定都对所谓的"开放式办公室"非常熟悉。光秃秃的一大间屋子里挤着大批员工，办公桌簇拥在一起，薄薄的隔板圈出些许隐私。每当有人就职、有人被炒、有人换岗，只要重新收拾一下桌子就能应付。还有的公司采用"办公桌轮用制"，不设固定座位，每天先到办公室的人可以随意选择位置。在这样的环境中，任何的杂乱都会降低工作效率。开放式布局让主管能监督属下的一举一动，这固然有利于监督爱偷懒的员工，却会让自主性强的员工感到沮丧。

空间的营造是一种思想，它与企业文化息息相关，说到底也是一种工作管理思想。传统的办公室布局往往要求等级分明，相对独立，互不干扰，而现代意识的布局则强调自由和自律的工作生态。企业的诉求、企业的形象、功能的分隔、流程的顺畅、关系的建立、氛围的营造、效率的产生，都在这个空间中有机地表现出来。这种开放式的布局淡化了等级差异，有利于建立平等宽容的工作气氛，有利于成员交流与沟通，有利于思想碰撞产生有价值的创意，也有利于降低独立封闭造成的官僚行为，形成良性的互动的相关配合态势。

一个标准的合乎规范的办公室，接待处应设在近门的地方，会客室单独设置在接待处旁边或大门旁边。走道上不能放置任何有碍行走的物品。办公室中央区域为业务处理区，彼此间可用1米左右高度的屏风分隔，所有座位的朝向应统一朝向大门，或分成若干排，双向而坐。办公区域采用直线式条块组合，便于控制和监督。领导者应有专门的办公室，以便其可以集中精力处理重要问题。秘书的位置则在领导办公室门外一侧，起守护作用。

方向一致地摆放办公桌，有利于团队合作，工作中容易齐心协力，合作愉快。但离门最近的人常有意外因素干扰，平时在工作时也不容易集中注意力。

面对面相向而坐的办公桌摆放，利于工作中互相交流，尤其是那种设计创新类的工作，适合同事间频繁的交流碰撞。对于个人发展不利的是，有人进出办公室的时候，坐在面对门办公桌的人自然抬头观察、招呼，而坐在背对门办公桌的人必须转身才能看到，处于不自然的状态。这样前者自然会工作出色，容易得到上司的肯定，并且会有较好的发展前景，而后者劳心劳力，容易吃力不讨好。

相对而坐在侧面对门的摆放办公桌，尤其适合需要彼此互相督促的部门。但对于需要协作的工作，此种摆放无形中会加深彼此对立的局面，不但两个人的工作不容易合作愉快，还容易因各自的观点不一致而导致不愉快的局面。时间久了同事间的友谊都会大受影响，互相牵绊，导致工作进度停滞或出现意外状况。

下属的办公桌排列成长方形，上司的桌子在长方形短边一侧，这样的办公室布局对管理者会逐步形成一种权威，令出必行，非常

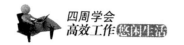
适合具有较强执行力的部门领导。由于办公室长方形的关系，前面的空间较开阔，给思维充分的想象空间。这样的环境让人眼光深远，具有较好的预见能力。缺点是由于两边窄，难免会产生个人的工作能力与下属的工作能力反差太大，常会产生孤独无得力助手的感叹。

如果上司的桌子在长方形长边一侧，就适合需要稳定谨慎的智能部门，如财务人事部门。由于其横向较长，办公桌的左右则显得开阔，暗示会容易获得得力的下属助手很好的协助。这种格局的气场会让工作变得安逸轻松，思维趋向于平静。但缺点是过度的稳定造成保守谨慎不思变通的状况。

许多人认为，装饰丰富的办公室会提高员工的工作效率，但实际上，它们并不总是能让效率猛增。荷兰科学家曾经开展了一项实验，将几间传统办公室改造成内容丰富的开放式办公室，将现有空间按照工作职能做了分割：比如"座舱"用来完成需要专注的工作，"客厅"用来和同事交流。尽管有这些创新举措，在搬进新办公室的 6 个月后，员工的工作表现反而略有下降。这是因为，尽管诱人的环境能提高工作效率，但更关键的还是员工的自主性。有人这样评价装饰丰富的办公室："画和植物让这地方欢快起来，但每样东西都井井有条，感觉像是摆给人看的，你在里面不会觉得放松。"然而在允许员工随意布置的办公室里，工作效率却可以提升30％左右。

除了布局和摆设，声音和光线也能影响工作者的表现。研究发现，当附近有无关工作的说话声（比如从一位同事的格子间里飘出的电台广播），工作者在阅读理解和数字回忆上的表现就会下降，甚至会产生不适感。研究人员猜测，是外界的说话声破坏了工作记忆，激发了人的压力反应。

办公室还应当使用本色或白色的垂直帘，打开时应打到底，宽敞透亮；关闭时应统一角度，不会凌乱。办公室灯光以明亮柔和为标准。在不刺眼的前提下，打开所有的灯具，不要吝啬区区几个电费。不要让电脑、复印机和传真机把你团团包围起来。这样虽然会让你在工作中少走几步路，但噪音和电磁辐射会令你更加疲劳，反而得不偿失。

及时清理办公桌

> 要想对办公桌进行更有效率的管理，有两点非常重要。首先，不要忍耐，今天就采取行动；其次，自己亲自整理办公桌，不要假手于人。
>
> ——奈杰尔·罗伯逊

很多时候，让你感到疲惫不堪的往往不是工作本身，而是因为你没有良好的工作习惯——不能保持办公桌的整洁有序，从而降低了工作的效率。走进一间办公室，办公桌上到处都堆满了文件、书稿、报纸、喝剩下的牛奶、折了半页角的杂志，等等。在这样的工作环境下，工作还有何效率可言？工作无序，没有条理，在一切都是乱糟糟的工作环境中东翻西找，这无疑意味着你的精力和时间都毫无价值地浪费了。

研究人员指出，现代化的办公室中，职员们正遭受"办公易怒综合征"的困扰。长时间工作、杂乱的办公桌以及错误的坐姿，是导致

这种新的都市病发生的主要原因。共有 2000 人接受了调查，在他们中，大约有 40％的人表示，经常会因办公桌上杂乱的纸张、用品而发怒。芝加哥西北铁路公司前总裁罗兰·威廉姆斯每天埋头在办公室里，处理着没完没了的工作，处在精神崩溃的边缘。他的脸上写满了焦虑、紧张。他告诉心理医生，自己的办公室里有三张大写字台，上面堆满了东西，他每天都把全部的精力投入到工作当中，可工作似乎永远都干不完。

在与心理医生仔细地交谈以后，他回到办公室的第一件事就是清理办公桌，最后只留下一张写字台，并要求自己当天的事必须当天处理完毕。从此，再也感觉不到没完没了的工作压力了，工作效率也提高了，身体也逐渐恢复了健康。威廉姆斯深有感触地说："一个桌上堆满很多文件的人，若能把他的桌子清理开来，留下手边待处理的一些，就会发现他的工作更容易，也更实在——我称之为家务料理。这是提高效率的第一步。"

有些人没有养成整理办公桌的习惯，他们总能为自己找到借口，说自己是多么的忙，无暇分心在这些小事上，或是害怕清理东西时把重要的文件也一起丢掉。所以，他们总是把那些有用的和没用的文件都堆在办公桌上。还有的人认为杂乱是一种工作方式，他们还宣称在这种随意的工作环境中，他们的心情会更放松，而且那些重要的东西总会在大堆的文件中浮现出来。算了吧！杂乱无章的工作方式就是一种恶习，是忙而无序的表现，不仅会加重你的工作负担，还会影响你的工作质量。在多数情况下，东西越堆越高，物件越杂乱无章，就可能浪费越多的时间。当你不能记起堆积物下层放的是什么东西时，或者你要为一个项目找到所有相关资料时，你就不得不在资料堆里埋头苦找。这样，一部分时间就浪费在查找丢失的东西上。

办公桌面的理想状态是无一多余物品。办公桌是工作平台，千万不要将其当做摆放物品的仓库。将你需要处理的工作以及文件都清理出来，找出立即需要处理的，放在办公桌上，其他的物品按照类别放进档案袋或者抽屉里。这样不但可以帮助提醒你目前最重要的工作是什么，而且能告诉你一次只能做一项工作，从而使你可以集中精力在这件事上，而不受其他物品和工作的影响。记住，如果任何东西在自己的办公桌上放了一个月而没有被使用，就该考虑把他处理掉。

将所有的办公物品都分类存放在固定位置，建立固定的工作模式。例如，办公桌的第一层抽屉放工具书，第二层抽屉放文具。一旦养成了习惯，不但可以保持桌面清洁，还能马上掌握所有物品的位置。一项工作完成后，把与这项工作相关的资料收拾整齐，并按照类别把它们放到合适的位置，千万不要把它们摊放在办公桌上。当办公桌上已经没有空间存放某些物品时，就应该学会放弃、整理或者抛弃不需要的东西。保证自己每天都花几分钟整理一下自己的办公桌，让所有的物品都各居其位，并随时检视、整理。

相对于文具，文件或数据更容易堆积。这时就应该"排除相同物品、保留最后一份"。像企划书、文件等会不断更新的文件，只需保留最终版本，过程中的文件一律舍弃。这样就不至于文件夹塞满了物品。此外，最好将资料都数字化。

对于一时不知如何分类的东西，例如空闲时间的阅读材料，一些自己爱看的书、杂志、每日的报纸等，或是与工作没关系的物品，最好都放进自己办公柜的空置处，不要让它们在你工作的时候出现。因为它们不仅有可能把你的注意力从工作中移走，而且还会占据你本来

就不大的有用空间。很多人喜欢将相片、玩具、陶俑或者其他一些自己比较喜欢的东西通通摆在桌面上。这些随意放置的、凌乱的东西会随时吸引你的注意力，只适合摆放在家中的客厅或者卧室里。当你在做某项工作的时候，视线也许会在不知不觉中被这些小纪念品、钟表或者全家福照片吸引走。等你回过神来的时候，你又不得不从头思索刚才正在做的工作或者写的文书。如果你不能忍受和这些东西分离，那么最好把它们放在你身后的架子上。

办公桌的整洁状况也能够反映出一个人的能力和修养，整理办公桌的过程实际上也是整理你的思路的过程，不管你有多忙，也要保持办公桌的整洁有序。每天下班前，可以抽出几分钟把办公桌收拾干净。这样你就可以结束今天的工作，为明天有一个好的开始做好准备。长此下去，养成习惯，你的办公桌一定会保持整洁，而这对于提升你的工作效率有百利而无一害。当你感觉自己工作过度，有点精神紧张时，那么请暂时停下手中的工作，有条不紊地整理一下办公桌。这不但能为你创造一个整齐的、不会让人心烦意乱的环境，而且也对舒缓工作压力有帮助。

高效办公着装原则

> 不要为你现在做的工作穿衣，而是为你想
> 要做的工作穿衣。
>
> ——安·玛丽·萨巴斯

作为一名办公室上班族，着装必须考究，才能显出你的专业水准和严谨作风。虽然我们不必把大量金钱消耗在奢侈的服饰上，但也要用心选择每天的着装。这样一来，你就可能每天早上在穿衣镜前犹豫不决，浪费宝贵的时间。因此，掌握办公着装的基本原则，既可以让你的形象符合礼仪，又能有效地节约整理仪容的时间。

"TPO 原则"是目前国际上公认的穿衣原则。TPO 是英文时间（time）、地点（place）、目的（object）三个单词的缩写。TPO 原则的基本含义，是要求人们在穿衣、化妆和首饰佩戴上要兼顾适应具体的时间、地点和目的，不能不讲章法，一味地"跟着感觉走"。

职业男士要注意自身着装，能使自己在活动和职业交往中充满自信，给人以大方得体，沉稳朴实之感。职业男士穿着打扮的基本要求是：注意整体效果，给人以沉稳、踏实、精明能干的感觉；能够主动表现自身能力和进取精神，并且体现权威感；自然、大方，但又不落潮流，避免穿着怪异或过于流行的服装。

西装有单件上装和两件套、三件套之分。在休闲场合，可穿单件上装配以各种西裤或牛仔裤等时装裤。在一般场合，应穿着套服，可

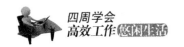
视场合气氛在服装色彩图案上大胆些。在正式场合，必须穿颜色素雅的套装，以深色、单色为宜，并且不能随意脱下外衣。

西装还有单排扣、双排扣之分。双排扣西装一般要求把扣全部扣好，不可以把全部的扣子都打开。单排扣三粒扣子的只系中间一粒，两粒扣子的只系上面一粒，下面的扣子不系或是上下均不系。按西方的礼仪，只系上面的扣子是正统，只系下面的扣子是流气，两粒扣子都系上是土气，全都不系则是潇洒。在较正式的场合，一般要求把上面的扣子系上，在坐下的时候应该解开。

对于职业男士来说，买一套好西装是必不可少的，之后可以把注意力放在衬衫及领带上。款式不同、颜色各异的衬衫，加上合理的穿着产生的节奏感，可以产生丰富的变化。西装的衬衫须挺括、整洁、无皱折，颜色以单色为好，最好是白色衬衫。衬衫的领口大小以扣上领口扣子以后，自己的食指能上下自由抽进为宜。衬衫的下摆要塞进西裤，袖口必须扣上不得翻起。如不系领带，可不扣领口。

领带在西装穿着中起着画龙点睛的作用，尤其是连续几天穿白色衬衫时，领带的更换变得尤其重要了。领带必须系扎在硬领衬衫上。领带系好后，正面宽的一片要略长于底下窄的一片，领带尖必须刚抵腰带上端。若内穿背心，领带必须置背心内，领带尖也不能露出背心。建议至少要有 6 条不同的领带，每天要换一条，而每一条领带要尽可能地搭配所有的衬衫。

职业女性的着装搭配要麻烦一些——男人可以连着两天穿同一件的西装，只要换了衬衫和领带，根本没有人会注意他的外衣。可是如果职业妇女连着两天穿同一套衣服，别人很可能会怀疑她前一天到底有没有回家。

在工作环境里，穿着款式大方、裁剪合体的职业装是服饰的基本要求，强调多功能和多变化的服装组合是职业女性服饰搭配的重点，最好是既表现出女性的优雅、大方，又显得利落。而体现一些现代感的单品搭配，或凭借色彩搭配来衬托个人的穿着特色等，都是不能忽略的关键因素。

办公室里的着装色彩不能太艳，适宜的色彩应该是柔和淡雅清丽的，这会给人一种舒适稳重容易接近的感觉。灰色应该是最好的选择，也和大多数办公室的主色调较为协调，能够很好地融入办公环境之中。

办公室内服饰饰品应选择小巧的不张扬的天然东西，佩戴过多明晃晃的饰品容易给人不安定的感觉，影响工作。饰品只是点缀，一般耳朵上配一枚小巧的耳坠，脖子里挂根纤细的颈链，手指上戴一枚结婚戒指，不能更多了，否则会分散别人的注意力。

外出公务的服装款式应得体，不要太紧身，也不宜过分宽松，舒适大方正好，让自己行动方便，来去自如。服装的质地要求飘逸或挺括，使你站立时能保持浑然一体的魅力。短衣长裙、西装套裙，或者长至掩盖高跟鞋的悬垂性极好有质感的长裤，也会表现出一种玉树临风的洒脱与端庄。自然光下，服装的色彩最好是原色调，色彩搭配应选择一个色系，上下的整体感必须协调统一，整个着装应凸显职业性质和个性气质。

越来越多的职业女性发现，使用真皮制的公事包会使自己看起来更专业。那么携带手提公事包时可以同时背女用皮包吗？当然可以。公事包与女用皮包不但互不冲突，而且具有同等的重要性。

虽然不少职业妇女平常已经非常注意上班时的穿着，但有时仍不免碰到紧急状况——临时必须参加一个重要的活动，偏偏当天的穿着不适宜。有些人会硬着头皮前往，绝口不提自己的装束，而有些人会自我解嘲或表示歉意。专家建议，最好在办公室放一双黑色矮跟鞋、

一双丝袜、一条窄裙和一件极易搭配的宽松外衣，以备不时之需。

其实在职场穿衣原则中，有一条令你事半功倍的"黄金准则"："不要为你现在做的工作穿衣，而是为你想要做的工作穿衣。"看看你的上司和上司的上司是怎样搭配服饰的，模仿他们的风格，既可以有效地避免失礼，又可以为你的进取心暗暗助力。

最后请牢记：佩戴好你的员工识别卡，不要走到门卫前面再把它从包里拿出来。这不仅仅是为了节省几秒钟的时间，也可以让别人知道，你为自己的工作感到自豪。

第一周星期三

授权：效率倍增器

　　没有人是三头六臂，无论如何提高工作效率，都会有一个极限。如何才能突破这个极限呢？答案是：把工作交给别人做。把工作交给别人，不是说你可以偷懒休息，而是从事务性工作中解放出来，作为管理组织者来进行工作。如果你可以组织10个人一起为你工作，就等于你自己的工作效率提高了10倍。这就是管理学中经常提到的"授权"理论。

把工作交给别人做

能用他人智慧去完成自己工作的人是伟大的。

——旦恩·皮阿特

《吕氏春秋》中说，孔子的弟子宓子贱做单父这个地方的地方官，每天都在弹琴，不出公堂就把单父治理得很好。巫马期同样做单父的长官，每天天不亮就出门办公，天黑了才回家，昼夜不闲，每件事情都亲自处理，才把地方治理好。巫马期问宓子贱为何自己这么劳累，宓子贱说："我的办法是使用人才，你的办法是使用力气。依靠人才去办事的人就会安逸，依靠力气去办事的人当然劳累了。"宓子贱懂得授权的艺术，工作效率自然比只会亲力亲为的巫马期高很多。

授权委派是最微妙的效率管理技能。正确的授权委派是提高工作效率的重要因素，它关系到管理者和员工们的绝大部分时间。有一位经理曾感慨地说："我刚开始有助手时，对他所干的一切都不满意。为了给他交代清楚他要干的事，花费了我不少的时间，尽管如此，他对我所期待的工作一半也做不了。由于这样，虽然给我配备了助手，我却不仅没有富裕出时间，反而浪费了时间。因此我宁愿自己去做所有的工作。这样过了一段时间，有一天我突然醒悟道：自己必须要做的工作太多，如果总不让助手们代劳，我就永远腾不出手来，就会错过许多晋升机会。因此，我决定把各种业务归纳起来，委派给部下去做。尽管他们一时不能干得像我一样出色，但我可以在工作中寻找并发现一些勤奋和有能力的人才，并且专门训练提高这部分人。由于我把工作委派给部下，我就有了充裕的时间，不断地充实自己，提高自己。"

其实授权不仅是管理的一项职责，也是一门艺术。如果领导者能够有效地把工作委派给他的员工，也就算尽到了职责，并且能够把他的团队建设成一个精神振奋，上下级关系融洽的团体组织。而错误的委派会引起很多的问题，它不仅会打击下级的积极性，还会浪费时间和金钱，严重的甚至会发生致命错误，既定的工作目标没有完成，还不如管理者自己去做。

在准备授权时，要确定授给什么样的人。被授权者不仅应该有积极热情的态度，敢于付出，敢于承担责任，同时具备真才实学，不然就可能导致"马谡失守街亭"的悲剧。一般情况下，委派工作是对以下人进行的：工作或技术上的专家；直属部下；为了完成某一紧急任务，而组成的特别班组的成员；有自己的专长和丰富经验的老资格的职员；有特别资格或知识的人，或者以前有过这方面工作经验的人。

有些管理者抱怨不敢给核心的管理部门的员工授予太多权力，因为常常会遇到做销售的员工把客户和核心的销售团队带走，做财务员工的利用职权中饱私囊，做技术员工的带走企业核心技术这样的事情。这些人可能能力很强，但诚信缺失，一旦给赋予过多权限，他们就可能做出背信弃义的事。这就提醒管理者在挑选被授权对象时应该考察对方的品行，否则后果不堪设想。

需要注意的是，如果你没有一个固定的委派工作的形式，而是经常很随意地选择其中一个下属来接受委派，那么你这么做就会使下属心理产生动摇，使其情绪出现不稳。也许你认为某件事派给某个人去做，工作会进行得顺利一些，但是有些下属却认为，这件工作应该是自己来做的，却让别人抢去了，因而会认为是领导对他产生了不信任。管理者要切记，在委派工作时，要遵守固定的授权模式，如果你想要

更换人选时，必须有足够充分的理由，以免影响正常的团队人际关系。

在一些特殊情况下，为了特别的需要，可能会委派一些不同于以上情况的人。比如，把工作委派给有弱点的属下。为了纠正属下的弱点，可用讲话、教育，甚至有时训斥等方式。但是在这之后还任命他们干工作，将会起到更多的作用。因为委派给他工作，会使他感到是给了他一个新的机会，使他对工作产生责任感和自信心。还可以把工作委派给一些没有经验的人。如果你经常把工作委派给有经验的人做，那么只会造成一部分人的工作过多，担子过重，而另一部分人却无所事事，永远也没有经验和能力。同时也会造成一部分人过于骄傲自大。使另一部分人产生妒忌与不满。时间管理者要有勇气把工作交给没有经验的属下去做，使每一位属下都能操纵和控制任何一项新的工作，可以很好地表明你所领导的集体是一个实力极强的集体。要偶尔把工作委派给不为人注意，但又有才能的人。不论在哪家公司里，都有许多人有能力去完成比他们现在所承担的职务更加重要的工作。他们只居于中等或更低的职位上。如果给他们一个机会，让他们展示出自己的能力，对他们将来的发展将大有帮助。

总之，做高效率的工作者有个极平凡的诀窍：把各种琐事尽量交给别人去做。不过切记，你所以会把琐事交给别人去做，是因为你需要去思考更重要的事情，需要去制定新的关系到整体发展的计划。有些人以自己是"最繁忙的人"而自傲，这实在是大错特错的想法，在有识者看来，这种人无异是在说自己是一个最不善指挥他人工作的人，他没有驾驭属下的学识和能力，其实是向人坦白他的无知。

授权的技巧

> 授权并不是给部属权力，而是要把他们已经具备的能力激
> 发出来。
>
> ——肯·布兰佳

授权的程度是授权的一个重要因素。授权过少，往往会造成管理者的工作太多，下属的积极性受挫；过度授权，把该保留的权力也授了出去，会造成工作杂乱无章，使工作失去控制。授权要做到下授的权力刚好够下属完成任务，不可无原则地放权：必须分清哪些权力可以放，哪些权力应该保留。管理者可以根据下面的几条标准，来决定哪些工作应委派给下属去做。

（1）工作是否关系到公司的方针大计，还是经常性的日常业务；

（2）下属是否有与此工作相应的能力来承担和完成这项工作；

（3）工作的重要性是如何，是否存在这样的情况，与其为这项工作挤出时间，还不如去做其他更要紧的事。

经过一番衡量之后，管理者就会知道哪些工作可以委托给下属去做。一般来说，以下这些工作都应当放手让下属去做：为了进行研究或做出决定而收集资料和信息的工作；在决定目标、方针、工作程序、计划、事业等事情之前的准备工作；实际施行决策的工作；文件的草拟工作；日常业务，或者一些琐碎、辅助性的工作；自己不出席，由下属出席也完全可以代理的会面和会议；为了能更有效地处理好重要的事情，而必须放手原来的一部分工作。

授权时首先要看单位规模的大小。单位规模越大，上层领导与基层工作距离越远，需要处理的各种事务越多、越复杂，管理者就应把更多的具体权力授予熟悉情况的下属，授权范围应视管理者能够弄清问题并做出正确决策的范围而定。其次还要看单位业务活动的性质。业务活动的专业性越强，管理者就应授予负责该项业务活动的下属以更大的权力，允许其在业务活动范围内做出决断，这是避免"外行领导内行"的一个重要措施。

授权时还要考虑哪些权力是必须保留而不下授的。一般说来，管理者至少要保留事关单位前途的重大决策权、直属下属和关键部门的人事任免权和监督、协调各个下属工作的权力。

授权管理要做到权责相应。下属履行其职责，必须要有相应的权力。责大于权，不利于激发下属的工作热情，即使处理职责范围内的问题也需不断请示，这势必造成下属的压抑，也影响工作效率。权大于责，又可能会使下属不恰当地滥用权力，这最终会增加管理和控制的难度。

有位老板把当月的生产计划交给了生产部经理，讲明由他全权负责生产计划的实施，人员的调配、原料的供给以及机器的使用等等全部由生产部经理来指挥。生产部经理领受任务后，很快根据生产计划适当地安排了人员，工作进展得很顺利。

一周过去了，老板来检查工作，发现本周的产量已达到计划产量的30％，于是便把生产部经理叫来，责怪说："你是怎么搞的？把一周的产量定得这么高，工人过度劳累发生人身事故怎么办？机器磨损过度又怎么办？"

在第二个周末的工作汇报会上，老板发现本周产量较上周下降20％，又埋怨说："生产部经理，你是怎么搞的，本周的产量怎么下降了这么多？你要加强管理，否则计划要完不成了。"

这样一来，生产部经理左右不是，本来他满心欢喜，以为老板让他全权负责生产计划的实施是对他的信任。可自从受了老板两次批评后，他怀疑老板是不是真的让他负责。他感到自己图有负责人的虚名，根本做不了主。还是稳妥点好，于是从第三周起，他不再自己负责，而是请示老板应该如何安排生产。

其实，生产部经理的老板并不是有意插手下属的工作，他只不过是想督促一下下属，使之更好地完成生产计划。但由于他的干预太直接，给下属造成一种错觉，以为他想亲自管理这项工作，从而导致下属失去了工作的积极性，结果工作没有顺利进行。

管理者在授权时必须因地制宜地确定授权的方式、权限和内容。授权的方式根据授权范围大小一般有五种：

（1）让下属了解情况后，由管理者做出最后的决策；

（2）让下属提出详细的行动方案，由管理者最后选择；

（3）让下属提出详细的行动计划，由管理者审批；

（4）让下属采取行动前及时报告管理者；

（5）让下属采取行动后，将行动的结果报告管理者。

对缺乏工作经验的新员工，可采用制约授权方式，交给他们最基本的事务性工作，同时对他们的行为进行实时监督检查，促使他们尽快熟悉工作过程和技能。而当部属有了一定工作经验，但技能欠缺时，这时就可以采取弹性授权制，不定时交给部属一些具有挑战性工作，同时给他们相当的工作支持。当员工具有相当经验和技能时，可采用不充分授权的方法，将非常重要工作交给他做，如重要项目的谈判、公司最主要客户的拜访，甚至可以参与公司重要决策的制定。

制定授权计划

> 如果你用人得当，那么，在他们所做的决定中有95%是你在他们的位子上也会做的。
>
> ——雅克·勒内·希拉克

在很多情况下，委派的人选非常恰当适合，委派的工作也是可以由下属来做的，但是结果却不尽如人意。出现错误的环节就可能在向属下授权时，管理者没有把授权的事项、要求、自身的想法等明确地传达给属下，才会出现失败的情况。因此，管理者进行授权之前，要制定一个详细的授权计划：为什么选他做这项工作？完成工作需要的资料在什么地方？完成这项工作要花多长时间？谁来负责这项工作？预期结果是什么？下级怎样向你报告工作进展？委派工作之前，必须对这些问题有个充分的设想安排，还要把计划预期所要达到的目标写出来，给员工一份，自己留下一份备查。这样做可以使上下双方都明确工作的要求和特点，减少出错几率。而且应当让这种授权计划指导委派工作的全过程。

将工作委派给属下，并不等于万事大吉，可以撒手不管了。工作能否顺利完成是关系到自身利益的。因此，管理者在进行自己的工作之余，还要想办法对属下的工作予以必要的监督。为保证下属能及时完成任务，了解下属工作进展情况，管理必须对被授权者的工作进行不断检查，掌握工作进展信息，或要求被授权者及时进行反馈工作进展情况，对偏离目标的行为要及时进行引导和纠正。诸葛亮分配关羽守荆州，最后关羽"大意失荆州"，就与诸葛亮对荆州的信息了解不够有关。管理必须及时进行调控，当被授权者由于主观不努力，没有很好地完成工作任务时，必须给予纠正，并承担相应的责任：对不能胜任工作的下属要及时更换；对滥用职权、严重违法乱纪者，要及时收回授权，并予以严厉惩处；对由客观原因造成工作无法按时进展必须进行适当协助。

很多管理者没有足够的时间检查布置下去的工作，另一些人则避免对员工的表现提出批评，寄予希望于他下次能把工作做好，他们对员工的失误常用好意来猜测，比如"这项工作也许在授权过程有问题"、"也许我没有交代清楚"、"也许这项工作不太现实"。要知道，不和下属分析做得不好的工作，对下属不公平，也是逃避自己的责任。这样做，下属不知道存在问题，所以会一再重犯同样的错误，也可能乘机钻空子。比如，如果管理者从来不要求下属对未能按时完成的任务承担责任，下属就会认为不按时完成工作也没什么大不了的。

当然，监督工作并不是说对属下不放心。只要在监督时做到恰如其分，就不会给属下留下不好的印象。比如，工作委派开始时，预先宣布要对一些重要点进行检查，这样属下也就认为你的监督是理所当然的。或者以其他工作为理由来检查他的工作情况。例如，以要让他做新的工作为借口，对他前段的工作情况做全面的检查。必要时建立一个定期举行的例行会议或定期报告等规章制度，以检查工作情况。也可以事先约定一个监督机制，由第三者负责对委派工作监督。

领导者授权以后，下级如果在工作中出了问题，下级要承担责任，领导者也仍负有责任，不能推卸责任只处罚下级。"士卒犯罪，过及主帅"就是这个道理。授权不是卸责，更不是撒手不管，领导权力下授，但也须负领导责任，因此要进行随时指导、考核以及监督，发现偏差，

应及时引导和纠正。

一般情况下，授权工作是按照管理的层级自上而下进行的，即从上面把工作委派给级别较低和经验较少的人。但是，下属们时常发现他们也可以把工作"委派"给上级。他们的借口是"我想听听您的见解"，结果是管理者被卷进应该由下级所做的工作里去。

上司的任务是分配工作和指导下属去有效地工作，但并非要事事亲历亲为，还是将难题交回下属吧。比如，下属呈上一个难题来，如果你告诉对方："放下，让我看看怎样解决吧！""让我想想看！""迟些我送回给你。"好了，下属将难题"过户"，而你平添了个头痛问题。

有时候接受的困难可以立刻解决问题，但这样做，一则不能考验下属，二则占用你的时间。这种情况下，管理者可以这样说："好了，让我们现在一起来看看问题在哪里，不过我还是希望最后由你去解决它。"如果问题确实棘手，就吩咐下属："噢，我们已经研究过所有的问题，却仍找不出答案，但应该接近了。你可以在一个星期后让我知道答案吗？"这样一来，就强调了你已伸出援手，但责任仍是对方的。你只需记住下属应该何时来报告，然后将精神放回本来的工作上。

一个真正能够站稳脚跟的工作者，永远是一个制造机器的人，而不是将自己作为机器的一部分。管理学家派特森为验证这种理论曾经做过许多实验，他把写字间和工厂的重要职员调开 10 个人，发现整个组织的运转丝毫不受影响，一切工作仍能照常进行。所以作为重视效率的工作者，最重要的是有卓越的思想和计划，不应把自己的宝贵精力耗费在琐碎的小事上。

第一周星期四
创新提高效率

　　如果想要成为更具活力的工作者，就一定要不断更新你的观念，让你的思维摆脱一切偏见、一切固执、一切束缚。在一个迅速变革、竞争激烈的工作环境中，创造性和革新性是必不可少的。无论是拟订并考查可选择的行动方案，还是开发新产品，都可以通过系统的创造性方法使之变得更容易、更高效。

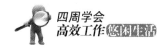

高效来自创新

创新能力是一流人才和三流人才之间的分水岭。
——内森·马什·普西

1908 年，亨利·福特发明了"福特 T 型"汽车。这款车的销量出奇得好，传统手工作坊式的生产根本无法满足纷至沓来的订单。当时装配一辆"福特 T 型"汽车需要 728 个人工小时，一组工人一天只能生产两辆车。福特受到屠宰场的启发——当时屠宰场将一头宰好的牛或猪从很多切肉工人面前移动经过，每个切肉工人只割下特定的某个部分——发明了生产流水线，让汽车底盘在传送带上以一定速度从一端向另一端前行，工人站在固定的位置，逐一装上发动机、车厢、仪表、车轮等部件。于是，福特汽车的生产效率提高了上千倍，最繁忙的时候，每 10 秒钟就有一辆"福特 T 型"汽车走下生产线。这就是创新带来的效率！

创造和想象是发达社会中人们生活的重要组成部分。在一个进步的社会中，缺乏产生新思想的能力，不仅会阻碍工作者个人的前途，对于企业来说也是一场灾难。

满足于现状，就不会渴望创造。没有乐观的期待，或者因为眼前无法实现而不去追求，都会妨碍创造力的发挥。发明家和普通人其实是一样的人，所不同的是，他们总是希望"更快、更好、更节省"。系鞋带时，他们希望有更简便的方法，于是便想到了用带扣、按扣、橡皮带和磁铁代替鞋带。煮饭时，他们希望省去擦洗锅底的烦恼，于是便有了不粘锅的涂料。所有这一切，都来源于改进现状的愿望。

人的思维方式可以分为直线型思维与发散性思维两种形式。有直线型思维习惯的人思想僵化，缺乏创造力。因此，我们必须培养发散性思维的习惯。

发散性思维又是与聚合性思维相对的。任何创造性思维成果都是发散性思维与聚合性思维相结合的产物，而发散性思维与聚合性思维都是创造性思维的重要组成部分。这是因为发散思维有助于开拓思路、提供多条解决问题的途径，聚合性思维则有助于从多条途径中选择到富有创造性的解题方案，因而在创造活动中，往往需要从发散性思维到聚合性思维、又从聚合性思维到发散性思维的多次循环往复，才能形成创造性思维成果。没有发散性思维就失去了创新的能力，而没有聚合性思维就无法将思想变为实际的行动。

但是，创造活动首要条件还是形成新颖、创新的思维成果，因而在创造性思维中，发散性思维发挥着更加重要的作用。因此，要提高创造性思维能力，必须加强发散性思维的训练和提高。

人们在思考过程中，常会出现许多想法，而其中的大部分都会因为不合时宜而被人们放弃直至彻底忘却。其实，在创新领域里，从来就不存在"坏主意"这个词汇。那些看来是怪诞的、不成熟的想法，也许更能激发你的创新意识。如果你能及时地将自己的想法记录下来，就有重新思考的机会。在这个过程中，可以轻易地捕捉到新的创新性的思想。

如果你有了想法，不管是什么样的想法，你都应当表达出来。如果是独自一人，你就对自己表达一番；如果你身处群体之中，不妨告诉其他人共同进行探讨。一个人一生中的大多数想法，都被无意识的自我审查所否决。把你的不寻常的离奇想法说出来，把它们从头脑中解放出来。一旦它们进入交流领域之中，便能够免受无意识领域中自我审查机制的摧残。这样做，使你有机会更仔细、更充分地去审视、探索和品味，去发现它们真正的实用价值。

美国创造教育基金会的创始人奥斯本提出了能够以集思广益的方式加强发散性思维的"头脑激荡法"，也就是"一组人员运用开会的方式将所有与会人员对某一问题的主意聚积起来以解决问题"。运用这种方法，可以在一定时间内通过迅速的联想作用，产生大量想法。如果小组成员的沟通存在障碍，也可能出现冷场的局面。为此，奥斯本提出了一些讨论的方向：适应（有其他的东西像这个吗?）、修饰（改变颜色、气味、形状等）、放大或缩小、代替（使用其他材料、过程、人物和地点）、重组（交换零件、重新布置、改换顺序）、颠倒和组合。

心理学研究认为，由于大脑激荡法是团体训练方式，从而为个体能在小组中充分发挥才智与创造力提供了有利的条件，即小组讨论比单独思考更易发挥创造力，竞争状态下个人创造力更易激发。

创新不仅需要智慧而且需要勇气，因为它要向传统挑战，向习惯挑战，向权威挑战，但是最难的是向自我的惰性挑战。借鉴成功人士的成功经验内化创新为你自己的经验是可以的，但盲目模仿他们，效果应该不是太好。全世界只有一个比尔·盖茨，只有一个乔布斯，别人是无法临摹代替他们的，因为他们的特质、他们的信念你永远抄袭不了。

创新行为本身也有效率的问题，但是与一般事务性工作不同，创新的效率更多地取决于创新成果。俗话说"磨刀不误砍柴工"，有了创新性的想法，如果不去努力实施，再好的想法也会离你而去；想努力去做，却又因为短期内收不到成效而不持之以恒，你也会同成功失之交臂。

失败和错误本身是创新的一个组成部分，只要你进取，就必然会有失误。当遇到挑战和严峻形势的时候，人们大多习惯于小心谨慎，结果不是考虑怎样发挥自己的优势和潜力，而是把注意力集中在怎样才能缩小自己的损失上。创新的收益一开始很低，但是以后的效率越来越高；模仿的成本一开始很低，但是以后的花费越来越高，一直到你陷入故步自封的泥潭。

避免僵化思维

> 如果你要成功，你应该朝新的道路前进，不要跟随被踩烂了的成功之路。

——约翰·戴维森·洛克菲勒

打开一个绳结需要多长时间？理论上，只要一个绳结是以正常的方式系上的，就一定能被打开，当然有可能会花很长的时间。古希腊佛里几亚的国王葛底斯以非常奇妙的方法，在战车的轭上打了一串结。他预言：谁能打开这个结，就可以征服亚洲。很多年来，没有一个人能够成功地将绳结打开。这时，亚历山大率军入侵小亚细亚，他来到葛底斯绳结之前，不加考虑，便拔剑砍断了绳结。后来，他果然一举占领了比希腊大 50 倍的波斯帝国。显然，创新的一个前提是破除僵化的思维习惯。如果亚历山大还是用手指而不是剑去解葛底斯绳结的话，他也不过是许多个失败者之一。

人们在工作当中会形成各种各样的思维定势。一开始，思维定势的出现是为了提高我们的工作效率，它可以省去许多摸索、试探的步骤，缩短思考时间。心理学的研究表明，人使用某种认知方式进行思维，重复的次数越多，效果越好，那么在新的相似情境中就会优先运用这种方式。这是一种下意识发生的行为，是思维的"惯性"现象，是人的一种特别本能和内驱力的表现。在日常生活中，思维定势可以帮助我们解决每天碰到的 90% 以上的问题。比如福特流水线上的装配工，按照既定的方式安装车轮对他来说是最有效率的。如果他每装一个车轮就要停下来想一想，动作就会慢很多。

39

但是思维定势也有消极的一面，它容易使我们产生思想上的惰性，养成一种呆板、机械、千篇一律的思维习惯。当一个问题的条件发生质的变化时，思维定势会使工作者墨守成规，难以涌出新思维，做出新决策。所以我们在工作中既要反复练习，加强工作熟练程度，发挥思维定势积极的一面，也要避免习惯带来的负面作用。

人人都有创造力，并不是都可以成为现实，这是因为有太多的思维定势阻碍了创造力的实现。其中有10种思维定势是致命的。

（1）相信"只有一个答案"的结论。只有一个正确答案的问题是有的，但是生活中的大多数问题是不确定的，有许多正确答案。如果我们认定只有一个正确答案，就失去了大部分的想象力和创造力。

（2）怀疑"不合逻辑"的结论。科学的思维往往是从令人难以接受，难以理解开始的。每当我们运用逻辑思维想出一个新意或当准备实施时，常常犹豫不决，往往会因为"这不合逻辑"予以否定。

（3）相信"遵守规则"的结论。规则对于这个世界很重要，但是不能一概而论，形成僵化的思维定势。创新思维要求具有突破性，即经常反省已经设定的规则：为什么这个规则会是这个样子？我们可不可以改变这个规则？这个规则还有用吗？等等。

（4）相信"既成事实"的结论。事实胜于雄辩，我们应该尊重事实。但是人对事物的认识总受到知识、阅历、社会条件的限制，往往所认识的东西有很大一部分并不是事实，或者说它们并非如我们通常所认为的那样固定、僵硬。创造性思维总是先有梦想，然后再现实地思考。这是思维的一般规律。

（5）否定"模棱两可"的结论。人在心理上不喜欢模棱两可，因为模棱两可令人费解，产生沟通上的困难。但模棱两可的想法可以刺激想象力，可以使思维出现新维度，引发对事物新的思考。

（6）相信"隔行如隔山"的结论。过分强调专业，导致人的思想闭关自守，画地为牢。无数的事实证明，许许多多的发明和创造都是因为走出了自己狭窄的领域，才有了创造的成功。

（7）怀疑"荒诞"的结论。我们知道，许多真理的发现者最初大多被人称为"疯子"、"傻子"，责之为"荒诞"。然而日后被证实的真理，往往是他们所发现的，而那些骂人的人则一无所成。

（8）相信"权威结论"。权威见多识广，对事物的看法能透过现象把握本质，分析研究能力比较强，因而，往往能够对事物的发展得出科学的结论，令人信服。这是我们需要学习、值得佩服的。但是因此而把思维禁锢在权威的套路上，忽视自己想象力的开发是很不可取的。

（9）相信"犯错误就是坏事"的结论。对于创新性来说，犯错误是必要的副产品，从中吸取教训获取经验，实现认识上的飞跃，成就一番事业，这是创造性思维能力运动的轨迹。

（10）相信"自己没有创造力"的结论。人的一切局限都是自己设定的，这在心理学中称为"自我设限"。对创造性思考而言，最大的障碍就是自认为"我没有创造力"。之所以这样想，是因为我们为自己设定了界限。创新性思维必须首先相信自己有创造力，必须首先相信自己的创意是有价值的。

1956 年，加利福尼亚圣迭戈的埃尔科尔特斯酒店要增加一部电梯。建筑师和工程师研究认为必须在每层楼地板上打个大洞。这样酒店就必须关闭几天，否则尘土飞扬，客人也不会来光顾。正在这些专业人士站在酒店大堂热烈讨论的时候，一个年轻行李员加入进来，说："伙计们，要是我，就把电梯装在楼的外面。"于是，世界上第一部室外观景电梯"星光特快"诞生了。不仅工期大大缩短，不影响客人入住，而且吸引了更多的人来参观这个新玩意儿。所以说创新无禁区，人人都具有创造力。只要不轻易相信权威，不自己否定自己，每个人都能够创造成功。

运用直觉快速思考

渐进思想是创新的最大敌人。

——尼古拉·尼葛洛庞帝

创新需要发散性思维、逆向思维等特殊的思维方式，对于一般的工作者来说，和艺术家、发明家这些以创造性为主的工作不同，大多数工作需要的是按部就班的思维模式，这显然对创新不利。因此，普通工作者要想更好地创新，除了多观察、多思考之外，还要多运用直觉来考虑问题，不要让头脑僵化在逻辑思维中。

直觉是当人们对某种事物深入地进行观察，获得多次以至极为丰富的积累时，认识上产生的一种飞跃，是对事物敏锐而深入的洞察，直接的本质理解和综合的整体判断。直觉的产生是以特定的问题为先导，并且为了解答问题而构思、搜集、整理有关该问题的事实材料，寻找其内在联系，在深思熟虑的基础上对这个问题提出初步的想法。产生直觉需要丰富的表象积累，在此基础上抓住事物的本质特点和内在联系。直觉思维能同时分析，直接识别事物或获得最终结果，是一种对事物之间关系的整体把握。

1951年，凯蒙斯·威尔逊带着全家老小去旅游观光。一路上，美丽的风光使他心旷神怡，可住宿的遭遇却让他十分恼火：客房既小又脏，水暖设备差，洗澡用水不方便，很少见汽车旅馆有餐厅，即使有的话所供应的食物也太差，收费太高，一家人合住一间客房，每个孩子还要再加收钞票。但是凯蒙斯却从中冒出了自己独特的想法：汽车旅馆普遍条件差，而酒店又很昂贵，如果建造一些酒店式的汽车旅馆，不就能赚大钱吗？

一年后，他的第一家"假日酒店"正式开张营业。酒店的服务设施特别周全，而享受这一切，价格绝对便宜。有时房间已经住满，服务员会为顾客和附近的旅馆联系住宿——这又是凯蒙斯发明的服务。他甚至花费 13000 美元的高价做了一块招牌，这块招牌能让所有人联想到假日酒店是个有趣的地方。

凯蒙斯采取特许经营的办法，向社会出售特许经营权，从而迅速推动假日酒店在各地开花。然后，他又凭着直觉，将电脑引入了他的事业。他委托 IBM 设计安装一套电脑系统，可以即时找出或预订在任何地方的任何一家假日酒店的可供投宿的客房。这套电脑系统的代价是 800 万美元，但是当时其他连锁旅馆都没有这种先进设备，假日酒店一下子拥有巨大优势。正是对社会、对人性的敏锐直觉，让凯蒙斯走在了时代的前列。

直觉往往在决策时起着关键的作用。有些人仿佛拥有特殊的感官，他们能"发现他人所没有发现的机会"。他们相信自己有能力辨认出其他人所无法辨认的机会，而其他人只局限于逻辑思维之中，想当然地认为直觉是虚幻缥缈的，因而也是不可信的。

直觉的最基本的表现就是预测一个事物。这样的认定可能有一定的依据，也可能没有依据。直觉的预测是跳跃性的，从现象直接到达本质，而没有中间的运作过程，因此也无法用语言表现清楚。有时理性分析需要好几天的课题，直觉预测却能几秒钟之内完成。这种预见力是高效工作不可或缺的能力。

从物理学的角度来说，预见未来是不可能的，但心理学对"预见"这个概念的理解与物理学不同。心理学认为，预见力是一种通过已知的信息，推断事物发展走向的判断能力。也就是说，预见力再好的人，

也不可能完全预料事物的发展。但是因为事物发展的不确定性，如果你的预见力比其他人高，你的思想就会更符合事实的发展。这样，你的那些奇怪的想法就可以被称之为"创新"，而不是"胡思乱想"。换句话说，拥有优秀预见力的人更能把握创新的方向，从而能够自主地调整自己的思维方式，摆脱思维习惯的束缚。

准确的预见力需要宽阔的知识结构。现代人可以学的东西很多，然而良莠不齐，你难以判断你所学知识的正确性。譬如，人家给你一把钥匙，却不告诉你这钥匙能够打开什么样子的门，于是，当你拿着一把样子并不特殊的钥匙而去面对上亿把锁的时候，你只有选择放弃。专业化程度的提升确实有助于生产效率的提高，但是流水线制造出来的学问却难免有失偏颇。

提高预见力需要抽离自我。"抽离"是一种心理技巧，大意是可以想象自己离开自己的身体看到自己和世界。我们每个人具备这样的能力，然而却不能自控。我们有时候也有预见力，比如你有时候会突然觉得某人似乎正在背叛你或者帮助你，会觉得公司这个项目可能不会成功或者不成功。然而，我们的这些预见力恰恰是不准确的，因为没有抽离。我们不但没有抽离，事实上是完全从自己的利益或者情感出发，所以结果便大谬。如果你对与你有关的事情最好用理性和证据，而且多听听大家的意见，并且多一些局外人，自以为是的预见会令你做出错误的判断。

所以我们必须明确的是，运用直觉绝不是投机取巧，决策的高效率是建立在前期大量学习、准备基础之上的。直觉不仅仅是感觉，它也是过去的经历、某一方面的知识以及个人信念等的综合作用的无意识体现。直觉只是一种工具，当我们有了信息、知识的时候，直觉才可以发挥作用。

第一周星期五

及时休息解除疲劳

　　工作效率的高与低和工作量、工作时间本身没有什么直接的联系。衡量一个人事业的成功与否不是这个人工作了多长时间，做了多少工作，而是通过工作取得了多大的收获。但是，仍然有很多人唯恐浪费哪怕是一分一秒的时间，只有累了才去休息，甚至累也不休息。殊不知这样反而会降低工作效率，让你比别人慢半拍。

解除工作中的疲劳

谁不会休息，谁就不会工作。

——列宁

疲劳是指工作过程中由于高强度或长时间持续活动而导致的人体工作能力下降和错误率增大的现象，它是一种自然的人体防御反应。疲劳分为生理疲劳和心理疲劳两类。生理疲劳也称体力疲劳，以肌肉疲劳为主要形式，其典型表现为乏力、工作能力减弱、工作效率降低、注意涣散、操作速度下降、动作的协调性和灵活性下降、工作满意感降低以及工作动机恶化等。心理疲劳指肌肉工作强度不大但由于工作紧张或工作单调而产生的疲劳，其主要表现为感觉体力不支、注意不易集中、思维缓慢、情绪低落以及工作效率降低等。

疲劳是由多种因素诱发的，这些因素包括工作强度、环境条件、工作节奏、身体素质、睡眠等五种。心理学家一般从三个方面来衡量疲劳。首先是工作绩效，工作绩效一般随着疲劳程度的上升而下降。经常使用的工作绩效指标有产品数量、质量、准确率和事故率等。在工作过程中，个体的一系列生理和生化指标会出现明显改变，如耗氧量、肺通气量、心率、肌电、皮电、瞳孔反应、脑电，以及能源物质、乳酸、尿蛋白和儿茶酚胺含量等。对这些项目加以测定，可以了解疲劳的状况。疲劳的主观特征是感觉体力不支、乏力，缺乏工作动机和工作满意感，持续工作还会伴随全身或局部肢体的酸痛感。

在我们的生活中，常常有"竭泽而渔"式的愚蠢行为，以牺牲产能为代价来提高产出。我们往往更关心的是效率而不是效能，为了提高效率而忽视效能，这就削弱了我们取得成果的能力。而唯有产出与产能取得平衡，才能达到卓越的效能。很多人每天都拼命工作，最后累得疾病缠身，与其说这些人"敬业"不如说他们"不会休息"。不懂得休息的人恰恰是不懂得如何工作的人，只有懂得调整工作和休息的人才能更高效地去工作。

第二次世界大战期间，英国首相丘吉尔已经年过六旬，却能每天工作16个小时。他的秘诀是：每天早晨在床上工作到11点，看报告、口授命令、打电话，甚至在床上召开会议。午饭之后，他要睡1个小时，晚上8点的晚餐之前，还要睡两个小时。因为他经常有规律地短时间休息，所以能很有精神地一直工作到半夜。

短短的休息时间，就能使你有很强的恢复能力，即使只打5分钟的瞌睡，也有助于防止疲劳。芝加哥大学的实验心理学家杰可布森认为，任何一种精神和情绪上的紧张状态，在完全放松之后都不可能再存在了。这就是说，如果你能放松紧张情绪，就不会再继续忧虑下去。所以，要防止疲劳和忧虑，就要经常休息，并且在你感到疲倦以前就休息，这样就能使你每天的清醒时间多出1个小时。如果你已经感到疲劳，就需要加倍的时间才能使身体和大脑得到必要的恢复。

上班时，工作1～2个小时，可以适当休息10～15分钟，利用这个时间站起来走一下，或者闭上眼睛，暂时不要想事情，用手轻轻按压一下太阳穴，揉一下眼睛。或者到窗户边往外远眺一下，放松紧张的大脑，或者看几个小笑话，调节一下紧张的工作心理都对恢复精神、更有效地工作不无裨益。

在工作当中也可以停下来喝一杯热牛奶或者果汁，对于暂时的放松有益。而且牛奶可以补充蛋白质等营养，本身就具有抗疲劳的作用；

果汁可以补充维生素C，而维生素C可以缓解疲劳。也可以嚼口香糖，研究证实，嚼口香糖可以缓解压力，有利于疲劳的恢复。

有的时候劳累了一天，什么都不想动，这个时候怎么消除疲劳呢？回家后可以先冲一杯茶，然后先稍微躺一会儿。可以洗一个热水澡，能迅速消除白天一天累积的疲劳。或睡觉前用热水泡脚，可以促进下肢的血液循环，足底穴道比较多，也可以消除部分疲劳，促进睡眠。

容易疲劳其实也是平时身体机能较差的一种表现，这可以通过饮食来调节，帮助我们消除疲劳，恢复活力。尽量做到饮食多样化，不偏食，疲劳的时候尤其注意补充糖分。糖分和碳水化合物是体能的主要来源。人体所有器官的运行，尤其是大脑，都需要消耗糖分。每天55％的体能补充都要依靠糖分。

很多人因为想多做点事而彻夜不眠，结果弄得精疲力竭，身体不适。而倘若好好睡一觉，效果则会截然相反，第二天可以精力充沛地做更多的事。产出与产能平衡是提高效率的精髓，放之四海而皆准，也是成功者养成良好习惯的基础。

科学研究表明，晚睡是不合乎人的生理节律的。尤其是许多人第二天早上还有其他活动，往往不是自然醒来，而是被闹钟吵醒，睡眠质量难以保障。所以，就必须在感到疲劳的时候立即休息一会儿。休息并不是浪费生命，而是为了让你在清醒的时候，做更多有效率的事。

人生最值得投资的就是磨砺自己的身体。生活与工作都要靠身体，因此身体健康是最值得珍爱的财富。我们可以通过营养饮食、合理运动、科学用脑、有效安排时间等良好习惯来协调我们的身体，减少疲劳的发生。

加班不是好习惯

当你没有空休息的时候，就是你该休息的时候。

——阿尔杰农·西德尼

现代社会存在着激烈的竞争，每个人都会感到社会的挤压，并且将企业的、团体所受到的压力转化到了自己的头上。于是我们不得不经常牺牲正常的休息时间来加班。在有些行业、有些企业，超时工作甚至成为一种"文化"。这样短期内会给企业和个人带来经济上的收益，但是长期的危害却是巨大的。

长时间加班或超负荷工作会使人的精力和体力下降、易疲劳，容易引发心脏病、高血压、自主神经紊乱和内分泌失调等病症，人的生物钟规律被打乱后，抵抗力会降低，脑力劳动者的记忆力减退，脑筋运转不灵活，注意力不集中。加班不仅对个人来说具有危害性，对企业来讲也存在安全隐患。长时间的加班会使员工对工作产生厌烦情绪，不仅没有积极性，还会影响工作效率甚至出现安全事故。

加班对女性的危害比男性更大。英国心理学家对 193 名男性和 229 名女性的日常工作、生活以及饮食习惯做了跟踪研究。研究发现，长时间的工作压力让女性更容易养成不健康的生活习惯。参与研究的达里尔·科诺表示："比起她们的男同事，长时间工作的女性会吃更多高脂肪、高糖分的食物，做更少的运动，喝更多的咖啡。如果她们抽烟的话，也会抽得更凶。"而对于男性员工来说，加班对他们在运动、饮食和抽烟等方面造成的负面影响并不明显。专家指出，造成男女在

压力面前表现差异的一个主要原因在于，男性不需要像女性那样承担多种工作，比如他们下班回家之后不需要像女性那样操持家务。

对于管理者来说，加班就更不是良好的工作习惯。如果管理者总是在超时工作，甚至要求员工跟着加班，从绩效方面来讲，会在整个公司形成人浮于事、办事拖拖拉拉的习惯，使公司的经营效率降低。长期超时、超负荷的工作，至少可以说明管理者的时间管理做得不够好，他不懂得区分哪些是重要而又紧急的事情，哪些是很重要但不紧急的事情，哪些是不重要又很紧急的事情。

很多管理者每天把大量时间放在处理不重要但比较紧急的突发事件上，忙忙碌碌一整天，都在处理突发事件，结果使自己原来计划的重要事没有时间做，只好放在 8 小时之外完成。体现在管理上，则是领导者事事亲力亲为，没有对下属充分的信任和授权。事必躬亲的结果是自己累得半死，下属则无所事事。这就是管理者承担了原本由员工承担的责任。

如果你发现自己总是在加班，就要找出造成时间、精力不对等分配的原因，是工作方法上的问题，还是任务本身安排不合理。无论是何种原因，我们需要寻找到更好的解决问题的方法，积极寻求改变。依靠身体长期超负荷运行显然不是解决工作问题的办法。

如果你在公司有忙不完的工作，还得把它带回家做的话，就更需要好好考虑一下，让工作占据个人生活的宝贵时间是否值得。同时你也应该自问一下，这样做对你的生活有何影响。

如果你无法在正常的上班时间内完成任务，那么肯定是某一环节出了问题。也许是因为铺天盖地的信件，接连不断的电话，以及其他相对次要的事务掩盖住了真正需要做的工作，使你无法分清轻重缓急。如果事情真是这样的话，应该立刻采取措施，重新分配工作量，减去长达两个小时的工作午餐，或者聘用一位助理，这样你就可以做真正需要自己动手的事情了。

你可能会发现，把没有完成的工作带回家里最终会形成难以改变的坏习惯。最初这样做也许是真的有必要，但一旦事情做完了你却还不能够悬崖勒马，只会不由自主地忙碌下去。到了这一步你就要想一想：这样工作是否真的对你的事业有帮助？是否真的对你的公司有利？你的付出是否得到了应有的回报？这种工作方式能否让你有效地完成任务？你这么卖力地工作到底想证明什么？向谁证明？你想向其证明的那些人是否肯定你的工作成果和巨大付出？他们以后是否会继续肯定你的努力？通过辛苦的工作你的智慧与知识有没有长进？你是否期望从这项工作中获得除金钱奖励之外的好处？把工作带回家做是不是因为你在逃避什么人或什么事？

一两年以后，你再回首往事时，也许会觉得当初这么夜以继日地劳作并不值得，也许会后悔自己那时还不如多花些时间陪伴家人。为什么不去锻炼身体，保持健康？为什么不抽时间为居住的社区或周围环境尽尽力？为什么不训练自己在其他方面的技能，保持一种成就感？为什么不做做自己真正感兴趣的事？

即使你喜欢现在的工作，但过度的疲劳会最终颠覆你的生活。被工作完全占有的生活单调乏味，无休止的疲惫和紧张会吸干你的所有精力，使你与外界隔绝，把自己封闭在一个小小的世界中。你很难有时间思考，你的精神与智慧由于缺乏发展的动力而停滞不前，而你的头脑则会变得僵硬，无法领悟来自灵魂中的启迪与指引。而且当思维受到阻碍，你将无法再对这个世界有任何贡献，你存在的意义也变得模糊。

如果你认识到工作并不是你的生活的全部，有意愿改变这个习惯但又不可能完全放弃它，可以在开始改变的一周中尝试一两个晚上不把公务带回家。你也可以安排一些晚间活动，这样时间就不会被工作挤占了。

保持作息的规律

休息与工作的关系，正如眼睑与眼睛的关系。

——泰戈尔

人的情绪好坏不仅受睡眠时间长短的影响，而且还与是否按时作息有很大关系。

评价工作能力的首要条件在于质，而不在于量，先质后量，因此，善于合理利用作息时间，便显得尤为重要。只有懂得休息的人才会使工作事半功倍。

美国波士顿和英国曼彻斯特的两个研究小组对生物钟、睡眠和情绪之间的关系进行研究后发现，人体生物钟能决定人在一天内哪几个小时心情好。如果在人体生物钟仍处在睡眠阶段起床，即使已经睡了很长时间，仍然会感觉情绪不好；即使两三天没睡觉的人，如果他的生物钟处在清醒期，那么他也会感觉情绪高涨。

生物钟存在于大脑中某个不为人知的区域，它决定人体从睡眠、清醒到消化等多种活动的生物节律。研究人员通过对24例健康的年轻志愿者长达一个月的跟踪调查后发现，当试验对象的睡眠周期从24小时延长到28小时～30小时后，情绪波动受到每天睡眠情况和体温两个因素的综合影响。

由于人体生物钟的变化，大脑皮层的不同区域的功能也在时时发生着变化，研究结果表明：

8～11时是组织、计划、写作和进行创造性思维活动的最佳时间，最好把一天中最艰巨的任务放在此时完成。同时，这段时间人体痛觉最不敏感，牙科医生一般在这时拔牙。

11～12时，人脑最为清醒。这段时间可以用于解决问题和进行一些复杂的决策，是开会的最佳时间。

12～14时，快乐的情绪达到了高潮，适宜进行商业、社会活动。

14～16时会出现所谓的"下午低沉期"。此时易出现困乏现象，最好午睡片刻，或是打一些例行公事的电话，尽量避免乏味的活动。

16～18时，人体从"低沉期"解脱出来，思维又开始活跃，并且是进行长期记忆的最好时间。

17～19时，人体的体温升至最高点，此时作些体育锻炼有助于提高睡眠质量。

19～22时，是学习的最好时间。

23～24时，各脏器活动减缓，人体准备休息。

每个人都有自己的睡眠方式与习惯，你的睡眠习惯关系到第二天的精力和工作状态，所以你一定要适应自己的睡眠生物节律，也就是养成自己的睡眠习惯。人的睡眠生物节律可分为"早晨型"和"夜晚型"两种。心理学家研究发现：在普通职员中，"早晨型"的人占28％，而脑力劳动者大多数是"夜晚型"，体力劳动者中半数人是"无节律型"。

如果想找出合适的睡眠时间，你不妨进行这样的试验：第一个星期，每天晚上你按平时上床的时间睡觉；第二个星期，每天迟一小时上床；第三个星期，每天早一个小时上床。如果你在上床后半小时内入眠，醒后又觉得精力充足，那一个星期的睡眠时间，就接近你自己睡眠充足的时间了。

既然人类在长期的自然进化过程中，形成了人体与自然界同步的

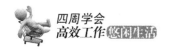
生物节律和生物钟，而人类要想生存就必须适应这个生物节律，且睡眠是人类生活中不可缺少的内容，因此，你一定要遵守自己的作息规律，这样才能保证优质睡眠。

对于身体上的不适，不能自我欺骗。很多人看到别人升职加薪，就认为自己无能，于是拼命工作，致使体力严重透支，却对工作压力超过体能极限的危险浑然不觉。

弗洛伊德曾提出一个人体信息处理模型。他把进入人体的信息比作为一种特殊的"电流"，从感觉器官一直流到大脑。这种"电流"不是简单地行走，而是在中途被我们的神经器官所转换和过滤。神经器官中有个"检查员"，它把那些不需要的信息阻挡在外，而不让它们被人们所感觉。美国生理心理学家贝加明的研究表明，我们的头脑在0.2秒的时间内最多只能得到一个感觉信号，并在这五分之一秒的时间内决定是否要把它放到生理上的废纸篓内。另一位生理心理学家沙克汉姆宣布他在大脑左半球发现了"检查员"的存在。

自我欺骗在一定意义上可以增强心理的抵抗力。心理学家拉扎罗斯的一项研究表明，那些在有危险的手术中闭上眼睛并不去想它的人，其手术后康复的速度远远快于那些在手术中因惊慌失措而发抖的人。这种自我保护型自我欺骗既有它有利的一面，也有不利的一面。疼痛在生物体中也是一个很重要的有用的信号，例如心脏病发作前就有心绞痛的信号。这种疼痛信号告诉我们生了什么病，以便能及时对症下药。如果我们抑制了这种疼痛信号，也就会因此感觉不到疾病的存在，而产生危险。

大多数时候自我欺骗是毫无益处的。比如自我偏见型的自我欺骗，夸大了对自己有利的一面，从而降低了不利的另一面。例如，吸烟有害于健康的道理几乎是人人都懂，但大多数吸烟者却认为，其他人吸烟是有损于健康的，但烟雾对自己来说却不会伤害身体。所以他们会大胆地吸入有害物质。因此，这种带有自我偏见的自我欺骗其危害也就特别大。

工作本身并不能给人带来经济上的安全感，而具备良好的思考、学习、创造与适应等能力，才能使自己立于不败之地；拥有财富，并不代表有永远的经济保障，拥有创造财富的能力才真正可靠。健康的身心和坚定的意志是我们达成目标的基础，所以有规律地锻炼身心，将使我们能够接受更大的挑战。

第一周星期六

. ● .

工作后，让我们享受美食

　　美食，顾名思义就是美味的食物，昂贵的有山珍海味，低廉的有街边小吃。其实美食是不分贵贱的，只要是自己喜欢的，吃前有期待、吃后有回味的食物，就可以称之为美食。闲暇时享用美食，不仅仅可以果腹充饥，更不仅仅是简单的味觉感受，更是一种精神享受。

一日三餐如何吃

人如果吃不好，就不能好好思考，好好爱，好好休息。
——维吉尼亚·伍尔芙

人的饮食首先要健康，其次要可口，这才是美食的基本标准。"早餐吃得好，午餐吃得饱，晚餐吃得少"，这是很重要的饮食原则。依照人体的生理时钟，早上时间身体的重点在排泄，下午时间重点在补充营养，晚上时间重点在分配营养及修补一天的损耗，所以一日三餐在餐饮的设计上，极其重要。

早餐在设计上选择易消化、吸收，纤维质高的食物为主。平日习惯荤食的人最好早餐能吃素食，会感觉很清爽。洗漱完毕最好能喝一大杯过滤过的清水，醋蜜汁、麦草汁等都是很好的选择，可依个人体质寒热属性，选一种最适合自己清晨起床时的饮料，然后做些运动，约半小时后开始早餐。

工作者往往为了赶上班，早上极为匆忙，因此蔬果的洗涤可在前一天完成，但不可以先削好。蔬果要选择当季的、无农药化肥的有机食材，多选择深色根茎类蔬菜。主食如馒头等可在前一天先准备好，早上热一下即可。粥或饭需注意搭配五谷。荞麦含许多谷类所缺乏的离胺酸，加入荞麦易使植物的蛋白质成为完全蛋白。若采用全麦面包、馒头，注意尽量多买完整全麦研磨的全麦粉所制作的面食品。

下午是人体消耗能量最多的时候，所以午餐也需要摄取更多的能量以满足身体所需，因此午餐应该是能量摄取最多的一餐。另外，充足的午餐也是避免饥饿，避免晚餐吃得太多的一种好方法。因为是能量摄取最多的一餐，所以午餐的要求是均衡，满足身体所需的营养。午餐更要求食物种类的多样化，以补充各种营养素。新鲜的蔬菜、瘦肉类是很好的选择，肉类最好用脂肪含量少的瘦肉、去皮的鸡肉、鱼虾肉。当然，午餐的时候也要吃谷物和油类。注意烹调的方式不要用油炸、油煎或者烧烤，最好用清炖、清蒸、水煮、凉拌等烹调方式。油炒的时候不要放太多的油，用植物油代替动物油。另外，烹调不要用太长时间，以减少营养素的流失。午餐的进食一般不作很严格的限制，一般建议八成饱即可。

很多人常常因为时间紧迫，中午饭草草了之，到了下午便是饥肠辘辘。这时不妨来一杯下午茶。一般情况下，下午茶通常都是在下午四五点钟进行的，而且要搭配一些甜点。从营养学的角度讲，这种习惯对补充人体能量有很大的帮助。喝下午茶要和单纯的吃零食区分开。零食的热量只会存到体内，但下午茶的一部分热量会用来供肌体消耗。而且它还能帮人们保持精力一直到晚上。另外，下午茶对增强记忆力和应变力也有很大的帮助。有喝下午茶习惯的人在记忆力上，要比没有此习惯的人平均分高出 20％左右。

晚餐比较接近睡眠时间，消耗能量很低，所以只需较少热量，不宜吃得太饱，应选择含纤维和碳水化合物多的食物。晚餐肉类最好只有一种，不可多种肉类，增加体内太多负担。选择新鲜的鱼虾、去皮的鸡肉，可以补充蛋白质。蛋白质消化比较慢，能够防止第二天早上过于饥饿。一般家庭中，晚餐是全家唯一相聚共享天伦的一餐，所以对多数家庭来说，晚餐大都非常丰富，这种做法和健康理念有些违背。主食与副食的量都可适量减少，以便到睡觉时正好是空腹状态。

一般而言，多数人晚上血液循环较差，所以可以选些天然的热性

食物来补足此现象，如辣椒、咖喱等。寒性蔬菜如小黄瓜、菜瓜、冬瓜，晚上用量应适当减少。晚餐尽量在晚上八点以前完成，晚餐后请勿再吃任何甜食，否则很容易伤害肝脏。

中国饮食文化博大精深，烹饪技巧精湛，讲究色、香、味、形的和谐统一。若是能够在闲暇时亲自下厨烹饪几道小菜，犒劳自己或者与亲朋分享，也是难得的美事。

用美食缓解压力

> 人生成功的一部分秘诀是，吃下爱吃的东西，然后让食物在肚子里斗争到底。
>
> ——马克·吐温

"人是铁饭是钢"，这是人们都知道的道理。但是很多人并不知道，在一定情况下，选择正确的食物，可以缓解心理压力和负担。营养学家和心理学家经过几十年的潜心研究，发现食物因素对人的心理状态包括情绪状态有较大的影响。

美国科学家研究发现，摄入含糖高的食物后，会使血管收缩素"5－羟色胺"在大脑中的水平不断增加，进而使人的精神状况变好。因此，含糖量高的食物对忧郁、紧张、易怒的行为或心理状态有缓解作用。德国营养学家研究发现，新鲜香蕉中含有一种类似化学"信使"的物质，也能够帮助大脑产生5－羟色胺。这种"信使"物质能将信号传送到大脑的神经末梢，使人的心情变得安宁、快活。因此，如果你遇到难题，思虑过度或紧张不安，甚至发生严重失眠的话，建议在睡觉前喝点脱脂牛奶或加蜂蜜的麦粥，并吃些香蕉。这些香甜可口的食物会帮助你安定心情、顺利入睡，并且睡眠质量更好。

当受到某些刺激或恐吓，心理压力过重、情绪欠佳之时，无论男女老幼，体内所消耗的维生素C会比平时多8倍。这时候，建议多吃些富含维生素C的新鲜水果和蔬菜，或者干脆服用适当的维生素C药片。这样有助于调理心情，消除情绪障碍。粗面粉制品、谷物颗粒、酿啤酒的酵母、动物肝脏及水果等富含B类维生素的食物，对调理情绪不佳、抑郁症等也有明显的效果，尤其是B类维生素中的烟酸，具有减轻焦虑、疲倦、失眠及头痛症状的明显作用。

当无名火攻上心头，无缘无故地想发脾气的时候，要多吃些富含钙质的食物，如牛奶、乳酪、鱼干及虾皮之类，或者直接服用肠道容易吸收的钙片。过不了多久，你会感到自己的脾气渐渐变得好起来。

很多医生都建议人们食用低脂的食物。但低脂不是万灵丹，因为人脑主管情绪的边缘系统要靠脂肪才能正常运作。适时补充存在于鱼类中的Omega－3脂肪酸及在菜油、坚果中存在的饱和脂肪酸，对人体健康还是有促进作用的。

人体内很多重要元素，如细胞、免疫系统中的抗体，大脑内的各种荷尔蒙及神经传递介质都是蛋白质，但人体受到压力时会抑制高质蛋白的合成，更会不断消耗蛋白质。长期如此，很多身心病变亦随之产生。因此饮食上应配合脂肪与碳水化合物的摄取，吸收充足的蛋白质。蛋白质含量丰富的食物包括鱼类、瘦肉、坚果、乳酪、豆类等。

要想控制不良情绪、保持健康的心理状态，除了要注意自身心理修养和维持和谐、良好的人际关系之外，还要善于选择能够改善低落情绪的膳食，让食物帮助你缓解不佳情绪、消除心理障碍。运用食疗调理心理法，有助于人们从低沉忧郁的心境中解脱出来。

除了情绪，饮食习惯还与人的性格息息相关。人们每天所吃的食物，有色、香、味、营养等特质，可以通过视觉、嗅觉、味觉等感觉和改变体内化学环境给人以心理刺激，会影响人的精神状态和性格。不同的饮食偏好往往也表明不同的性格类型。比如喜欢吃甜食的人，性格往往比较温和，在气质上多属于"黏液质"型。他们为人谨慎，在处世上比较保守，不愿意冒险。而嗜辣如命的人往往性格上也比较泼辣，属于"多血质"型，待人热情大方，但脾气火爆。喜欢吃大米的人，经常自我陶醉，孤芳自赏，对人对事处理得体，比较通融，但互助精神差。喜欢吃面食的人，能说会道，夸夸其谈，不考虑后果及影响，但意志不坚定，做事容易丧失信心。喜欢吃油炸食品的人勇于冒险，有干一番事业的愿望，但受到挫折即灰心丧气。喜欢吃清淡食品的人则注重交际，善于接近他人，希望广交朋友，害怕孤独。

这种相关性甚至可以超越个体，泛化到民族性的领域。例如，俄罗斯最著名的面包"大列巴"，就如同俄罗斯人一样粗犷豪爽、不拘小节；而法国的面包通常做成外形精致的面包圈、面包条，相应地，法兰西人浪漫柔情，情感丰富。

根据心理学中行为主义原理，改变行为习惯会影响人的心理，那么改变饮食习惯也可以改善人的心理，甚至能够纠正性格偏执。

如果你有胡乱猜疑的性格，不妨多吃诸如蛋类、鱼类、牛肉、猪肉及牛奶制品等高蛋白的食物；顽固不化的性格应该注意少吃咸盐，多吃鱼类食物，还要适量吃些其他肉类食物及以绿色和黄色为主的蔬菜；消极依赖的性格应适当节制甜品，如蛋糕、甜饮料等；要多吃些含钙和维生素 B 比较丰富的食物，例如小麦胚芽、大豆制品、猪肉、羊肉以及鱼贝类等；见异思迁的性格要尽量少吃肉类食物，应该多吃卷心菜、扁豆、辣椒、菜花、苦瓜、番茄、柠檬、柑橘、胡萝卜、田螺、牡蛎、鸡肝等食品；暴躁易怒的性格应当少吃零食，减少摄取盐分和糖分，多吃含维生素 B 丰富的食物，如茄子、南瓜、黄花菜、豆芽、香蕉、苹果、玉米、莲藕、大蒜、油菜、土豆、鲢鱼、草鱼等，多吃些含钙高的牛奶制品，以及贝、虾、蟹、鱼和海带等海产品；优柔寡断的性格应建立以肉食为中心的饮食习惯，同时要特别注意多吃含维生素 A、B、C 丰富的水果和蔬菜等食物；抑郁健忘的性格可以多吃一些干果和甲壳类动物，以及柠檬、生菜、土豆，带麦麸的面包和燕麦片等；内向孤僻者则需要多吃一些蜜糖和果汁，可少量饮酒。

养成良好的饮食习惯，不仅可以促进身体健康，也是维持心理健康的重要因素。

第一周星期日

锻炼身体，积极运动

对一个习惯了朝九晚五，甚至经常加班的办公室职员来说，日复一日的重复工作不仅会让身体逐渐积累出各种职业疾病，更加容易遭受病毒的侵袭，同时也会让身心逐渐转向麻木，整个人的状态未老先衰从而缺乏激情，显得暮气沉沉。所以运动起来吧！只有运动才能让你恢复活力，精神百倍！

养成体育锻炼的习惯

> 一个埋头脑力劳动的人，如果不经常活动四肢，那是一件
> 极其痛苦的事。
>
> ——列夫·托尔斯泰

常言道"生命在于运动"。适当地运动，不仅可以增强体能，保持神经系统的生理功能，还能够锻炼感觉器官，提高心理适应能力。所以体育锻炼不仅可以维护身体健康，也可以增进心理健康。

职场人往往长时间坐着工作，一坐就是一整天。而据美国预防医学杂志研究表明，坐着工作的人与不坐着工作的人相比，糖尿病还有早期死亡的危险发生率要高。美国癌症预防中心对 12 万名自愿者进行了 14 年的跟踪调查和分析的结果是，一天 6 小时候坐着工作的人比一天坐着 3 小时工作的人，死亡危险都比较高，分别是女性 37％，男性为 17％。只有经常锻炼，才能减少久坐不动会导致的病患威胁。与不运动的人相比，每天运动 15 分钟、每周约 90 分钟是可以减少 14％总死亡、10％癌症死亡及 20％的心血管疾病死亡，延长 3 年寿命。

目前，我国的亚健康人群日益增多。究其原因，最主要的原因就是因为缺乏运动锻炼和不规律的作息时间。有调查结果显示，无规律运动习惯的人之比率高达 72.2％，我国十大死因的危险因子皆与不运动有关。

体育锻炼习惯就是人们在健身实践中逐渐形成的，比较稳定的身体锻炼行为。它包括认识身体锻炼的作用和特点，懂得身体锻炼的一般规律，掌握身体锻炼的原理和方法，准确地评判自己的体质情况，具备身体锻炼的自觉性等几个方面。

身体锻炼行为一般是以具体情境为条件的，其习惯的形成、诱发，往往依赖于一定的情景和刺激物。与类似的身体锻炼情景重现或受某种特有的刺激、其习惯好会自然而然地表现出来，自发地支配着其言行举止，积极地进行身体锻炼。形成体育锻炼习惯的人，能够根据自身能力、运动条件和周围环境，自主地进行体育锻炼。一旦形成了体育锻炼的习惯之后，就产生相对稳定的态度定势，渗透到生活领域。

从心理学角度看，体育锻炼习惯的形成，来源于良好动机的建立，而动机来源于对身体活动的需要，需要又来源于身体锻炼的认识。人们对身体锻炼的认识是有发展过程的。因此，体育锻炼习惯的形成具有阶段性。锻炼习惯的最终形成，是在锻炼动机确定的基础上，依靠内驱力的力量来调节自己的行为，定时、定量、科学地进行身体锻炼，且经过多次重复，成为日常生活中的一个重要内容。

身体锻炼的特点之一是需要付出体力和心理能量，在锻炼中获得满足和愉快，在活动中寻找乐趣。因此，在选择锻炼项目的时候应该因人而异，选择有变化且能激发起新奇感的锻炼方法和手段，使自己能够在锻炼中充分表现出运动才能，体验到锻炼的愉快情感和增强体质的实效，逐渐形成体育锻炼的习惯。

任何一种体育活动都能锻炼身体和增强体质，不懂得用科学的方法锻炼身体，不仅会影响锻炼效果，还有可能损害身体健康。只有懂得和运用锻炼身体的基本原理和科学锻炼的方法，才能达到预期的锻炼效果。

在进行体育活动时，除根据自己的兴趣选择活动项目外，还要考虑体育锻炼者自身的条件。身体条件好的人可以选择一些强度较大、

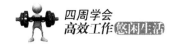

带有游戏性质的活动项目，如篮球、足球、登山、游泳、健美操等。身体机能较差的人应选择一些活动量相对较小、而且不容易出现运动操作的活动项目，如太极拳、慢跑等。同时，锻炼者还应根据不同的季节、气候条件确定体育锻炼项目，如冬季可进行长跑、足球、滑冰等运动，夏季可进行游泳、篮球、排球等活动。总之，运动项目可多样化，选择的运动项目要对整体机能产生良好影响。

坚强的意志是形成体育锻炼习惯的条件之一，只有持续不断地进行锻炼，才能更好地形成"动力定型"，促进锻炼身体动机的产生，增强锻炼的内驱力，形成体育锻炼习惯。身体锻炼要能达到实效，主要在于克服自身的心理、生理上惰性，从战胜自我中获得身体锻炼的恒心。所以，在锻炼内容的安排上，应有意识地设置一定的困难和障碍，以培养顽强的意志，坚忍不拔的精神和战胜困难的勇气与决心，不断完善主体意识，通过内部的心理动力，增强自信心，正确认识、评价自己、学会自我调控，不断适应外界环境的刺激和内在的压力，勇于锻炼自我、丰富自我、战胜自我、完善自我。

如何进行科学锻炼

> 不会管理自己身体的人，就没有资格管理他人；经营不好
> 自己健康的人，又如何经营好他的事业？
>
> ——卡尔·希尔逊

每个人都希望通过健康适当的体育锻炼达到强身健体的目的。但是如果运动量不适当，就不会收到很好的效果：运动量小了，达不到锻炼的效果；运动量过大，超过了人体的承受能力，又会损害身体健康。

选择最佳运动强度的方法很多，人们必须根据自己的年龄、性别、职业特点、体力状况、健康水平、体育基础、生活环境和锻炼目标来综合决定。运动强度是确保运动效果和安全的重要指标，包括心率、代谢当量、功率等。通过测定脉搏，可以直接地反映心率的情况，这是一种最为常见又便于操作的科学监控运动量的方法。用 180 减去人的年龄，就是一般情况下人体最佳运动量心率。

运动持续时间的长短对锻炼效果有很大影响，对于刚开始锻炼的人来说，连续运动 20 分钟以上并不是一件容易的事。如果连续运动超过人体功能的承受范围，会严重影响体育锻炼效果，轻则造成机体过度疲劳，重则引发不必要的运动性损伤。

一般情况下，每次锻炼持续时间以 15～60 分钟为宜，其中保持心率上限的锻炼时间为 15 分钟左右，其余时间都可以采用适当低于心率上限的强度进行。在几分钟的激烈运动后，可以穿插一段缓和运动，

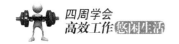
然后相互交替，可以收到良好的锻炼效果。为了不引起骨关节的损伤和高能量消耗，通常不宜进行高强度短时间的运动，而应选择低强度长时间的运动。在运动开始的第一周，应先进行低、中等强度活动20～30分钟，2～4周后如果没有不适，运动时间可以逐渐增加到45分钟。对于健康情况较差的人，即使每天只运动3～5分钟也是有益的。

不断变换运动负荷、练习内容、练习形式以及条件，可以提高锻炼者的积极性、适应性及应变能力。此方法可以有效地调节生理负荷，提高兴奋性，强化锻炼意识，克服疲劳和厌倦情绪，以达到提高锻炼效果的目的。刚参加锻炼时，可多做些诱导性练习和辅助性练习。随着锻炼水平的提高，应加大练习的难度，如用越野跑代替在田径场的长跑等。由于锻炼条件的变化，可使锻炼者的大脑皮层不断产生新异的刺激，提高兴奋性，激发锻炼的兴趣，从而提高机体对负荷的承受能力，提高锻炼效果。另外，不断地对锻炼的内容、时间、动作速率等提出新的要求，可有效地调节生理负荷，使机体不断产生适应性变化，达到更好的锻炼身体的目的。

体育锻炼一定要遵照循序渐进的原则，注意安全，避免运动伤害。如果因为过量运动而受伤，害得请病假不能上班，就得不偿失了。

为了避免在锻炼时出现意外伤害，体育锻炼之前要做热身。当肌肉越松弛时，它们也更容易被驾驭和扩展，做这些运动将使你减少受伤机会。因此，花上5分钟的时间，让身体完全地活动开，有稍稍出汗的感觉是最好的。

当锻炼一处肌肉的时候，它会变得紧绷而缩短，伸展运动就是帮助你放松肌肉，从而防止第二天的肌肉酸痛。做这个动作的最好时间是在完成热身运动之后，同时每个动作持续20～30秒，这将有助于肌肉松弛，使健身者获得一个更有意义的伸展运动。

正在进行运动时，身体会因流汗而迅速丧失水分，而这些液体必须及时补充，否则的话，随时间的推移，身体就会出现脱水的现象，人也会感到口渴难挨。所以，在运动的从始至终过程中都不要忘记给身体补充水分。

如同健身之前身体需要时间"预热"一样，身体在锻炼之后，也需要时间恢复平静，让心率重归正常。可以缓缓地放慢动作，直到心率还原至每分钟 120 下或更少。当感到自己的心跳趋于缓和，呼吸也逐渐平稳时，也就完成了最后的"冷却"工作。

《黄帝内经》提出过冬天"早睡晚起，必待日光"的运动原则，表明古人就知道运动也是有时间选择的。天未亮时不宜运动，因为此时植物正处于呼吸阶段，空气氧含量少，二氧化碳含量过高，对人体健康不利；同时人体在清晨时段交感神经仍然处于兴奋状态之中，易诱发心脑血管疾病发生。此外，晨起空腹运动，还易导致低血糖发生。研究发现，晚餐后 1 小时为日常运动的最佳时间。中国人晚餐一般比较丰盛，油脂食物也比较多，饭后看电视，吃零食更易形成脂肪堆积。此时进行有氧运动可促进代谢，减轻机体组织器官负担，防止自由基在体内蓄积。

总之，我们必须时刻树立"科学锻炼，有益健康"的观念，在进行锻炼之前，务必结合自己的体能，多向专家做一些咨询或者进行全面的体能检查，特别是注意检查一下自己心脏与肾脏的情况，从而确定自己的最佳运动量。以自觉、愉悦和积极的心态，科学地开展各种形式的体育锻炼活动。

第二周星期一

珍惜宝贵的时间

　　有人问著名生物学家柳比歇夫，他怎么能把一生都用来研究蠕虫的结构，他很惊奇地说："蠕虫那么长，人生可是那么短啊！"时间就是一切，一个有良好的运用时间习惯的人，他的生活一定是成功的，他的事业一定是令人羡慕的。懒惰的人把许多宝贵的时间都给浪费掉了。一个人不懂得珍惜时间，绝对不是一种好习惯。

养成珍惜时间的习惯

> 我愿意站在街角，手中拿着帽子，乞求过往行人把他们不
> 用的时间扔在里面。
>
> ——伯纳德·伯伦森

　　时间是平凡而常见的，它从早到晚都在一分一秒地运行，无声无息。而时间又是宝贵的，是每个人生命中最宝贵的东西。"时间就是金钱"，这句话是美国著名的思想家本杰明·富兰克林的名言。也许有的人认为这不过是一种比喻，其实不然。任何工作都需要成本，有的成本属于财产（资金、原料，也就是资本），有的成本属于人力（劳动、技术，也就是人力资本）。但是，人们经常会忽略，时间也是必不可少的成本。熟读辩证唯物主义经济学的人都知道，马克思就是将时间作为所有商品的"一般等价物"。这是因为无论是财产还是人力，都是可以替代的，只有时间不能被任何事物所替代。

　　通俗地讲，在现行的工作制度下，把你一年的收入除以 2000，差不多就是你每小时的货币价值。例如你一年的收入是 4 万元，那你每小时的价值就是 20 元。如果你上班时与同事闲聊了 15 分钟，你就等于损失了 5 元。你花半小时看了一个无聊的电视节目，你就等于又损失了 10 元。即使你既没有花钱，也没有浪费体力地发了几分钟呆，也等于有几枚硬币从你的口袋里掉了出去，而且再也捡不起来。

　　当然，这不是说你必须将一切时间都用于工作，休息和闲聊自有它们的价值。这里只是提醒你注意到时间的货币价值，这将有助于你自觉地减少时间的浪费和虚度。计算出你的时间价值，这有助于你在做事时，将机会成本考虑进去。

时间管理是现代人必备的一项工作技能，是提高工作效率最有效的武器。每个星期有 168 个小时，其中 56 个小时在睡眠中度过，21 个小时在吃饭和休息中度过，剩下的 91 个小时则由你来决定做什么——每天 13 个小时。如何根据价值观和目标管理时间，是一项重要的技巧。它能使你善用时间，控制生活，朝自己的方向前进，而不至于在忙乱中迷失方向。

时间管理的意义不在于控制管理时间，而在于从根本上提高工作效率。时间管理就是要找到这样一种方法：这种方法能够帮助我们组织、利用时间，以按时或提前完成既定的任务，达到目标。时间管理是优秀员工必备的一种素质，大家都应该掌握时间管理的艺术，使这些理论帮助我们提高工作效率。

从某种意义上说，时间管理的关键就是把浪费的时间找回来。所以，学习控制时间的技能，首先要分析你目前的时间使用状况，搞清楚时间是怎样被浪费的。对于现实中的大多数忙乱无章的人来说，浪费时间的最常见表现有：

（1）工作缺乏计划性。经常把时间花在一些无关紧要的事情上，而最应花时间的任务却因时间不够而无法完成；

（2）习惯性的拖拉。包括因为工作不能按时完成而拖拉，因为做事犹豫不决而拖拉，以及因为过分地追求完美而拖拉；

（3）把时间浪费在"嘴"上。例如热衷于请客吃饭，沉醉于谈天说地，痴迷于"煲电话粥"，人际沟通不得要领、废话连篇；

（4）不会拒绝干扰。错误地认为满足同事、朋友或客户的所有请求可以取悦他们，从而获得他们的支持，结果是别人有事总来找你帮

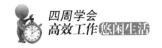
忙，你不但招架不住，还浪费了大量时间。

每个人对时间管理的认识，所持有的态度与方法各不相同，但是最关键的部分是相同的，那就是了解你的时间是怎么用掉的。有位公司总裁，根据他的习惯，总是将自己的时间分为三个部分，并且将它们分别用在公司高级管理人员、重要客户及地区社会活动当中。但是专家花费了六周的时间跟踪记录他的日常工作，发现实际上这位总裁把大部分时间用在了调度工作上，随时了解他所认识的客户的订货情况，还为他们的订货打电话给工厂。一开始，他本人对这些记录并不相信，但在很多次看到类似记录之后，他终于相信，"关于时间的使用问题，现实要比想象可靠得多"。

很多人之所以对控制时间不得要领，基本上都是对时间管理的第一个关键问题——"什么事必须做"的理解有误。他们把大量的时间花在了那些可有可无的事情上了。其实最重要的是要让自己清楚地知道什么是必须做的任务，这项任务应该是可以用来衡量自己绩效的标准。

控制时间的一项要诀，就是适当安排处理每项任务所需要的时间长度。一般而言，安排的时间过短，比时间过长更糟糕。因为这样，你就必须时刻提醒自己赶上落后的进度，而使实际情况变得比预计情况更糟。控制时间另一个要诀，就是不要对那些没有预计到的事情立刻做出反应，而要把处理这些事情所需的时间安排在未来机动的时间表中，将它们看成是其他时间才要做的工作。

培养高效时间观念

> 失去的时间肯定在什么地方存在着，作为对我们的谴责，作为我们的罪孽而存在着。
>
> ——丹尼尔·格拉宁

从经济学的角度来看，时间是人拥有的资源之一；从哲学的角度来看，时间和空间分别是物质的广延性和持续性的反应。时间是构成生命的材料，生命是用有限的时间累积起来的，这是时间的"有限性"。时间既不能创造，也不能返还；既不能储存，也不能叠加使用。时间公平地给人们以每天24小时，但是善用则多，妄用则少。对于珍惜它的人，一分钟劳动就有一分钟成果，有了变宏图为现实的桥梁，有了变理想为成功的通途；对于不爱惜它的人，所得到的报酬则很少，甚至是零，有时还是负数。

爱因斯坦病重时，感觉自己将不久于人世，一位老朋友问他想要什么，他说："我只希望还有若干小时的时间，让我能够把一些稿子整理好。"在去世的前几天，他还在改写一篇论文。翻开爱因斯坦的传记，你会看到他在学校刻苦求知，"把其他的一切统统抛掉"；会看到他在专利局当小职员时，挤出与别人聊天的时间钻研相对论；会看到他在花甲之年，拒绝了几位同事去看戏邀请而珍惜每"一个钟头"。至于他在日常生活中表现出的惜时如金的事例，更是不胜枚举。纵览古今，凡有所作为者，都有极强的时间观念。

那么正确的时间观念是什么呢？

首先，要追求成果目标。有人每天都早起运动，但年复一年仍大腹便便；有人每天都学习外文，但久久仍派不上用场。这些都是只知耕耘不管收获的结果。这样只是埋头苦干而不计成果，对工作与个人就只有苦劳而没有功劳了，实质是浪费了时间。

其次，要注重效益。一天拜访 20 个客户，看似颇有效率，但如果没有一纸订单，其效益还不如针对 5 个客户做充分准备。欲速则不达，是仓促行动而省略规划的结果。

第三，要加强计划性，劳逸结合。休闲的时间与休闲的项目是计划中不可缺少的部分。一年的周末与假日合计有上百日的空当，匀出三分之一来做计划性的休闲活动，也够旅游、看电影、养鸟种花了。忙里偷闲往往是工作分配不当挤压出来的本能反应，其结果不是"忙里偷懒"，就是浪费金钱与残害身心。

第四，要循序渐进。不眠不休夜以继日，精神虽然可嘉，但实际上，彻夜未眠、生吞活剥，不仅效果不显且浪费数倍的精力与时间。工作是一点一滴分配在若干时日而渐进完成的，绝不是只凭一口气仓促行事。

最后，要根除浪费时间的习惯。许多人把疏懒、散漫、杂乱归为天性，更将误时误事、不拘小节等言行，美其名为浑然天成的洒脱。实际上，这些都是后天养成的习惯。对待时间需要根除做事的不良习性，不能以天性为托辞。

树立正确的时间观念，是知识爆炸的信息时代对成功者提出的要求。人类前进的步伐有个"加速度"。据统计，20 世纪以来，世界上开拓、创造新知识的科研人员的人数，每 15 年翻一番；近十年的发明创造，比以往 2000 年的总和还多，研究周期也大大缩短。例如，蒸汽机的推广历时 80 年，电话历时 50 年，飞机历时 20 年，激光只有 2

年，但造纸术的推广足足花了 1000 年。人类知识的总和，每 7~8 年就翻一番。现在出生的人，等他到大学毕业后，世界知识量将增为目前的 3 倍，到他 50 岁时新的知识又将增加到 20 倍。一方面是知识的爆炸，另一方面是知识老化。一个大学生四年毕业参加工作，他在一年级时学习的知识已有 50％失效，再过五六年，学校学来的知识就已经基本派不上用场。但是，我们整个社会的时间观念与高度讲究时效的要求还有很大的矛盾。在这个形势面前，为了不被时代抛弃，学习时间运筹方法，树立正确的时间观念，就成了势在必行的事情。

美国行为心理学家吉姆·罗恩研究指出，一般人对时间的运筹管理，大致可分为四种不同的态度。

最消极的是"游荡者"心态。"游荡者"完全忽视时间这回事。他们选择的生活方式是越没有组织越好，他们让生活漫无目的地飘游。如果他们有工作，通常都为时短暂。因为他们反抗任何组织、任何控制时间的企图。这种"沿着生命的公路流浪"的生活态度，将阻碍一个人获得进步，无法走向更好的生活。

"朝九晚五"的时间管理者占最大多数，对时间的态度比"游荡者"好一些。这种人似乎在温和的压力下运作得最好，他们一次只能处理几件事，到了晚上则希望能无牵无挂，好好地与家人相处，但又常常事与愿违。因为，他们认为追求成功就必须付出代价，所以只得在某些方面牺牲。

"工作狂"是一种极端的时间管理者。对这种人而言，工作永远不嫌多。他们可以每天工作 12 小时以上。不过，工作狂不一定是赚钱最多的人，因为他们往往是喜欢工作更胜于工作的成果。他们马不停蹄，只有在睡意被驱散、享受被拒绝以及众多的任务被完成时，才会感到满足。

"开明的时间管理者"是最理想的一种人。他们把时间分配给生活的每一方面，甚至安排无所事事的时间，容许自己偶尔也作个"游荡者"。他们也和"朝九晚五"的人一样，知道限制工作时间，但他会把时间分配给其他有价值的事，例如家庭。他们绝不怕长时间工作，有时候他们也像个工作狂，但只有在必要时才如此。开明的时间管理者讲究使生产力倍增的方法，他注重工作时间的生产力而非投入更多的工作时间。

所以，既不要忽视时间的价值，也不要被时间所奴役，而是要科学地运筹、规划时间。记住，你自己才是生活和时间的主人。

把你的钟表用起来

没有方法能使时钟为我敲已过去了的钟点。

——乔治·戈登·拜伦

从一般意义上来说，时间对每个人都是公平的：每年 365 天，每天 24 小时。但是人们对时间的感觉并不相同。

时间知觉是人对客观现象的延续性和顺序性的反映。人总是通过某种衡量时间的媒介来反映时间，这些媒介可能是自然界的周期性现象和其他客观标志，也可能是人体内部的一些生理状态。

在不同的情绪和心态下，我们对时间的知觉会表现为过快或过慢，这种对时间的错误知觉就叫做时间错觉。第二次世界大战末期，一艘盟军潜水艇遇到敌军布雷舰投放的深水炸弹的袭击，被迫停在海底。艇上的水手罗勃·摩尔后来回忆说："深水炸弹不停地投下，在我们四周炸开，整整 15 个小时。我吓得几乎无法呼吸，不停地对自己说：这下可死定了！那艘布雷舰用完了所有的炸弹才离开。这 15 个小时，我感觉好像有 1500 万年。"

时间知觉的误差很大，一般情况是，对于 1 秒钟左右的时间间隔估计得最准确，短于 1 秒钟的间隔常常被估计过高，而长于 1 秒钟的间隔常常被估计过低。在实验中要求受试者估计 1 分钟的间隔，有一位受试者在 13 秒的时候便认为到了 1 分钟。时间间隔越长，估计时间的错误越大，同时个别差异也越明显。

态度和兴趣也会直接影响对时间进程的估计。据说爱因斯坦晚年的时候，有一群中学生和他讨论学术问题。学生们问他："那么复杂的相对论，您能不能用简单的语言概括它的含义呢？"爱因斯坦思忖一会儿，回答道："当你和一个美丽的姑娘坐上 2 小时，你会觉得好像只坐了 1 分钟；但如果你坐在炽热的火炉旁，哪怕只坐上 1 分钟，你会感觉好像是坐了 2 小时。这就是相对论。"活动密度也对时间估计起着重要作用。充满多种活动的时间被估计得较短，如果没有确定的活动或所进行的活动是单调的，那么时间就被估计得较长。

时间知觉还有一个特点：在一个时间周期内，人们往往感觉到"前慢后快"。比如一周有七天，前几天相对于后几天感觉过得慢，过了周三，好像很快就到了周日。一段假期，前半段时间相对后半段显得慢，过了一半时间便觉得越来越快。产生这种现象的心理原因是：在前期，你觉得后面的时间还很多，就不着急，感到时间慢；越往后，你越感到时间所剩无几，感到着急，也就觉得时间过得快。

即使把时间段放大到人的一生，时间错觉的现象仍然很明显。人在童年时代容易感到时间过得慢，因为你觉得以后的时间还有的是。随着年龄的增长，尤其是到了中年，就感到时间不那么多了，开始着

急，也就觉得时间过得快了。同时，成年人每天的活动比儿童要多，更容易产生时间缩短的错觉。

时间错觉给我们的一个启示是：时间并不像我们想象的那样充裕，而且你会感觉时间越来越少。明天总是姗姗来迟，而昨天总是飞逝而去。如果你不能有效地控制时间，你的时间将永远不够用。怎样减少时间错觉对时间管理产生的影响，从而避免工作效率下降呢？答案是：勤看钟表！

一个国家经济发展的快慢，一个人能做多少事，这些需要综合统计的数字，往往会在一些日常生活中得到体现。有些鲜为人知的现象，不但能说明问题，而且也很有趣，其中以看表的次数多少，便可以得出惊人的结论。

世界上越是经济发展快的国家，人们看表的次数相对也就越多。越是发展缓慢的国家，人们看表的频率也就越低。无论在哪个国度里，人们每天看表的次数越多，经济的发展也就越快，这几乎成了一个不可颠覆的真理。而同一个国家中不同城市的人，每天看表的频率也有很大的区别，城市人每天看表的次数则是农村人的7倍，甚至更多，而居住在穷乡僻壤的人，即使有手表，也可以十天半月不看，依然是看着日头过活。

为什么看表的次数可以表明一个人成功的可能呢？这是因为越是做大事的人，就越需要精确地控制时间，因此他们才频繁地看表。

历史研究也可以得出同样的结论。在古代很长的一段时间内，中国的经济文化在世界上所有国家中都是最强大的，同时中国所拥有的计时工具也居于世界领先的地位。但是随着欧洲资本主义经济的发展，欧洲人发明了更为精确的机械钟表，而中国还在沿用古老的计时方法，在竞争中逐渐败下阵来。

据一项调查统计表明，在各行各业中，每天看表次数最多的人依次是：商人、高级秘书、企划人员、股市操作者和科研人员。这些人无意识地看表次数更是惊人，他们常常因为对时间的焦虑，在 1 分钟里要数次地看表，完全成了一种习惯性的潜意识。而世界上那些极其繁忙的人，他们会把表挂在最方便的位置，抬头就能看见，甚至会把表针牢牢地装在心里，看表只是在与内心的钟点对应，已经形成了一种纯粹的心理暗示。

在一个竞争激烈的社会，谁都无法容忍让时间白白地溜掉。谁耽误了时间，无论是自己还是他人，都会引起人们的烦躁和不安。而一旦把事情做在了时间的前头，人们便会发出会心地微笑。

在这个世上，奋进的人，总是比那些悠闲的人看表的次数多。努力的人，总比那些没有目标的人看表的次数多。赢家与输家，往往首先是差在每天看表的次数上。在这看似没有什么特别的举动里，却暗藏着许多真理和玄妙。多看一次表，人生也许就会多生出一分精准；多看一次表，目标也许就会更近一分；多看一次表，进步大概就会再迈得大一些。

时间管理的技巧

　　时间管理就是要找到这样一种方法：这种方法能够帮助我们组织、利用时间，以按时或提前完成既定的任务，达到目标。时间管理是现代人必备的一项工作技能，是提高工作效率最有效的武器，它的意义不在于控制管理时间，而在于从根本上提高工作效率。时间管理是优秀员工必备的一种素质，是一门大家都应该掌握时间管理的艺术。

把握精力充沛的时间段

合理安排时间，就等于节约时间。

——弗朗西斯·培根

时间管理的精髓在于有主次之分，设定优先顺序。那些善于管理时间的人，在做任何事情时，都首先用分清主次的办法统筹时间，把时间用在最能创造价值的地方，即把要做的事情分等级和类别，先做最重要的事，再做次要的事。重要的事情和不重要的事情都要在自身的内部黄金时间段处理。在这段时间里，我们的精神状态达到最高峰，工作起来自然也就最有效率。

很多人都有这样的体会：完成一项任务时，往往开始的时候和即将完成时速度比较快，中间的一段时间操作速度慢，还容易感到疲劳。心理学家发现了这个现象，经过深入研究，把工作进程划分为以下三个阶段：达到最高产量前的产量递增阶段、产生疲劳时出现的工作减量阶段和预知工作即将结束时的完工突击阶段。

比如每天早上9点上班的时候，人经过长时间的休息，感到精力充沛，精神饱满，感知、思维和操作能力都处于较高的水平。经过短时间的工作环境适应之后，人的操作速度和效率能够稳步上升，达到全天的最高水平，并持续到中午12点左右。除了生理的原因，人们主观上认为：与其到下班时赶着完成，不如趁现在精力充沛时多干些。所以这个阶段的工作效率比较高。

随着时间的推移和工作量的递增，人体逐渐地感到了疲劳，意志力逐渐减弱，工作能力在到达最高点之后开始逐渐下降，操作速度变慢。由于注意力涣散的次数增多，也容易出现差错，操作不得不时常中途停止，导致工作效率的下降，并且浪费了时间。

虽然大部分工作者在中午可以得到短时间的休息，似乎可以起到减轻疲劳的作用，但实际上效果并不明显。因为午餐时间太短，大量的血液需要参与消化过程，使肌肉和大脑的供血相应减少，反而使体力和脑力活动水平下降。这个工作量减少的阶段从中午 12 点一直持续到下午 3 点。

下午 3 点以后，工作效率又开始回升，并持续工作结束。这是因为人们意识到任务即将完成，自己将很快从疲劳和束缚中得到解脱，心理受到鼓舞，情绪逐渐兴奋起来，掩盖和抑制了身体上的疲劳。同时，人们一般不希望或不能够将今天的工作推到明天，因此有意识地加快了速度。

这种工作效率的 U 形曲线提醒我们，你的大部分工作都是在某一段时间做好。很多人并不了解这种情况，他们习惯把每天工作开始的两个小时花在常规的例行事务上：阅读早晨来的信件（绝大部分都是不重要的），看报纸，打几个例行的电话，等等。这实际上是在浪费时间。我们应当把一天最好的时间用在最优先的重要事情上去，因为这些事情需要以充沛的精力、敏锐的思维以及最大的创造精神去做。

时间记事表是控制时间最有效的工具之一，这是一种自我诊断与自我指导的方法，每隔几个月，特别是当工作效率减退时，就要采用这种方法来提高你的效率。通过一段时间的熟悉，你会发现使用这种记事表要比看起来容易得多，但是也不要把填写这种表当作例行公事。

制作一张每日时间记事表，根据你自己的状况不断加以修正。这种表可以包括两类：一类是"活动事项"，另一类是"业务功能"（也就是活动的目的）。把一天的时间按照每15分钟一个时间段，然后在上面打两个记号，每一类下面各一个，并且按照需要，在"附注"栏中注明你确实做了些什么。

你可以把这张表放在一边的架子上，不使用的时候就看不到它，然后每隔30分钟左右填写一次，最常间隔不要超过1个小时。一天累积起来，填写这张表大概只要花费三四分钟，但是它产生的效果极为惊人。

通过这张看似简略的表格，你会发现以前根本说不清楚的时间究竟都用到哪里去了。人的记忆力在这方面是不可靠的，因为我们往往只记得一天中最重要的事情——也就是我们完成了某些事情的时刻——而忽略掉我们浪费或未能有效利用的时间。琐碎的事项，小小的分心都不太重要，我们记不住。但这些正是我们最需要辨明并加以修正之处。

填写这个表两三天之后，你会惊讶地发现，你有很多地方可以改进。例如，你可能会发现你以前并不知道你竟然花了那么多的时间用于阅读贸易刊物、报纸、报告等等，因此想找出一个办法来减少用于这方面的时间。你也可能会惊讶地发现，你竟然花了那么多时间用在赴约的路上，因此想办法改进行程表，一次去几个地方，或多利用电话。你也可能会发现你把计划15分钟的喝咖啡、休息时间竟延长到40分钟（加上从办公桌到咖啡间的来回时间）。花40分钟或许是值得的，但是唯有在你从文字记录中确实看出你究竟用了多少时间之后，你才能够判定是不是值得花那么多时间。

最重要的是，你会更惊讶地发现，你实际上居然只用一点点时间做你承认是最优先的事。而和你东奔西走地处理那些次优先的事务相比，你用于计划、预估时间、探寻和利用机会，以及努力达到目标等等的时间真是太少了。

我们每个人都需要自律，要绘制或填写时间记事表。当你真正做到之后，你会发现，在几天以内，你只需用远比你想象中的时间少得多的时间来填写记事表，而且它一定会为你使用时间指出重要的改进途径。

时间记事表可能会使你感到不愉快，却能使你清醒过来，并且重新振作起来。

重要的事情要先做

我们应该力求把我们所有的时间用去做最有益的事情。
——赫伯特·斯宾塞

我们每天都必须处理许多事务，大多数人的习惯是通过处理次要的事情来实现自我激励，然后用饱满的热情再去解决最重要的工作。但是，经过大量的工作，我们实际上已经疲惫不堪，几乎没有更多的精力来考虑最重要的事务，并且所剩的时间也不会很多。其实，有些人这样做的根本原因，是因为他们有严重的畏难情绪，是在无意识地回避最重要同时也是比较困难的工作。

控制时间的高手往往会一针见血地指出：应按事情的"重要程度"编排行事，判断事情的轻重缓急根据"现在做的，是否有利于更接近目标"这一原则来进行的。"重要程度"是指一件事情对实现目标的贡献大小，也就是说一件事情，如果它对实现目标的贡献越大，那么这件事情就越重要，它越是应该拥有优先处理的特权。如果一件事情对

实现目标毫无意义时，那么它就是一件不重要的事情。

效率专家艾维利曾经仅仅用了 10 分钟就使一家钢铁公司的业绩提高了至少 50%。他交给公司总裁查理斯·舒瓦普一张白纸，说："在这张纸上，依次按重要性写下你明天要做的六件大事。"大约 5 分钟后，舒瓦普写完了六件事。艾维利说："现在你需要做的只是把这张纸放进口袋，明天你做的第一件事情就是把这张纸条拿出来，不要看其他的，只做第一项，然后用同样的方法对待第二件事、第三件事……直到你下班为止。即使你可能用一天的时间只做完了第一件事情，那么也不要紧。因为你已经完成了最重要的事情。"

后来，舒瓦普自愿付给艾维利 25 万美元的咨询费。五年之后，这个当年鲜为人知的小钢铁厂一跃成为世界上最大的独立钢铁厂，利润整整提高了一亿美元。

所有的任务都可以依据重要性和紧迫性分为四类：重要且紧急、重要但不紧急、紧急但不重要、既不紧急也不重要。既不紧急也不重要的任务还可以分为两种：挤占时间以及浪费时间。

可能大家都听说过"80/20 定律"，这个定律的专业名称是"巴莱多法则"，是由 20 世纪初意大利社会经济学家巴莱多提出的。这项定律可以运用在各种不计其数的生活实践里：在公司里，大约 20% 的职员带来 80% 的新生意；在讨论会上，20% 的人发表 80% 的意见；在教室里，20% 的学生占用教师 80% 的时间。

巴莱多法则也有助于应付一系列有待完成的工作。面对着一大堆工作，人们难免心存畏惧。于是大多数的人在没有开始之前就感到泄气，或者先做最容易的，结果永远办不成最难办的事情。但是如果我们知道只要做到其中的两三项，就可以获得最大的好处，那就会对我们大有帮助。因此列出两三项工作，各花上一段时间集中心力把它们完成。不要因为没有把所有工作全部完成而感到不舒服。如果所决定的优先次序是正确的，那么最大的好处已经由你所选择去做的两三项工作中获得。

重要且紧急的事情必须排在计划表的最上方。除非是这些紧急的情况都同时出现，否则你就能够处理它们。因为它们的紧急和重要性，要比其他任何一件事都优先。

重要但不紧急的工作有一个共同点：尽管它们很重要，但是如果不采取行动，就会被无限期地拖延下去。如果这些事情没有涉及别人的优先工作，或规定期限而使它们成为"紧急"，就永远不会把它们列入优先的任务名单。我们生活之中，大多数真正重要的事情都不是紧急的，比如参加培训、做健康检查或者建立退休计划。对这类工作的注意程度，可分辨出一个人是否真正懂得控制时间。

有些工作表面上看起来极需要立刻采取行动，但是如果客观地审视，就会把它们列入次优先的任务里面去。

有些工作不是没有价值，但是既不紧急也不重要，人们常常在做更重要的事情之前先做它们。不过它们能够提供一种有事做和有成就的感觉，从而分散你的注意，让你有借口把更重要的工作向后拖延。

什么事情是浪费时间的，并没有固定的标准，需要作具体的分析。比如睡懒觉，看似浪费时间，但是如果你已经加班 24 个小时，那么它立刻成为重要且紧急的任务。我们认为应该为"浪费时间"建立主观标准。例如，你看完电视之后觉得很愉快，那么看电视就不算是浪费时间。但是如果事后你觉得用来看电视的时间不如用在打球或看书，你就应该立刻将其归入"浪费时间"之列。

当你面临很多工作，而不知如何着手时，就应该牢记巴莱多法则。

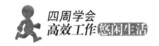
你要问你自己哪些事项是真正重要的，不要放下首要工作而去做次要工作。有畏难心理的人必须要克服自己以往的习惯，在开始每一项工作时，都必须首先让自己明白哪件事情是最重要的，哪件事情是最应该也是最值得花费最大精力去重点完成的，培养自己每天首先处理最重要工作的良好习惯。

我们做事的时候，还容易犯这样的错误：把一天的时间表安排得满满当当的，以至于根本不可能抽出机动时间去处理工作中可能会出现的各类突发事件。如果一旦有始料不及的意外情况出现，我们就不得不放弃计划中的重要工作，来应付处理这些突发事件。而当天没来得及完成的工作，就势必加进第二天的工作表中，把所有计划打乱。

事实上，绝大多数工作都不是一次百米冲刺，而是一场持久的马拉松赛。因此，即使没有突发事件的发生，你也应当每天留些灵活的"机动时间"，因为你也可利用这些时间去很好地处理一些比较次要的问题，或者进行一些人际沟通。这样，你不仅可以从容地完成既定的任务，而且还可以从容地面对明天的挑战。

"瞎忙"及其防治

> 整天只知道为琐碎的小事忙碌的人，必定成不了大器。
>
> ——弗朗索瓦·德·拉罗什富科

"许多的电话在响，许多的事要备忘，许多的门与抽屉开了又关关了又开，如此的慌张。忙是为了自己的理想，还是为了不让别人失望。"李宗盛的这首歌曲《忙与盲》，反映出了现代人普遍忙碌却又无所作为的生活现状：每天疲于奔命，却发现没有时间做应该做的事和自己想做的事，最终回过头来发现一事无成。

一天又开始了。你精神抖擞地走进办公室，下定决心今天一定要把那份拖了两个星期的企划案完成。可是接下来一连串的电话、开会、公文、访客……让你忙得不可开交。不知不觉，一天又匆匆而过，不用查记事本，你也知道那份企划案仍在那儿，丝毫未动。这是上班族常有的现象。许多琐碎的事，好像小小的蛀虫，趁你不注意时，偷偷啃蚀了你的时间。

"开会"是办公室中最常见的时间蛀虫，无数的会议占据了宝贵的工作时间，但是却没有起到促进决策或者沟通信息的作用。无论你是会议的召集人或只是与会人员，你都可以使会议变得更有效率。如果你是召集人，你应该先确定以下关键点：

（1）会议的目的是什么；

（2）这个会议能否以发给每人一张备忘录来取代；

（3）会议中哪些议程是必须讨论的，有没有可能减少讨论事项；

（4）会议时间的长短。

设计好会议的议程，给每个要讨论的主题都定好时间，并且切实遵守，除非每个人都同意这个主题应该继续讨论下去。

作为与会人，在开会之前，要确定是否真的有必要参加这次会议。如果你被邀请参加一个会议，应先打听清楚谁是召集人，为什么你被邀请。这可以帮助你决定是否有必要参加，同时也可以帮助你知道应该准备什么资料。开会的通病就是"跑题"。作为会议参与者，在开会中应当常常提问："这和我们讨论的主题有什么关系？"这样就能把讨论拉到正轨上。

与"会海"交相呼应的是"文山"。现代化的工作管理制度是建立在一系列的工作文件基础上的，但是堆在"待办"文件筐里的文件有多少是能够产生积极价值的呢？许多时间管理理论都建议"每份文件只能经手一次"，这听起来很有效率，但实际上行不通。你根本无法在看过一遍后，就把所有的文件都处理好，或是把该扔的扔掉。比较可行而有效率的办法是先把文件浏览一遍，然后按紧急程度分类：急件包括账单、备忘录、业务信件等；非急件包括新闻稿、开会通知、广告函件等。

不速之客的来访也会侵蚀很多时间。有志于事业的人常常被这些热衷人际交往的人搞得烦恼不堪。据说居里夫妇结婚的时候，商量要添置什么家具。居里说："我们只有两把椅子，再添把椅子吧。客人来了，可以坐坐。"然而居里夫人说："可是客人坐下来就不走啦。"两人最后商定，为了不让客人占用他们搞科学研究的时间，一把椅子也不添了。

如果可能，和同事或部属的会谈尽量事先约好会面时间。当同事来找你时，你可以说："现在不行，等一下好吗？"或者说："这真的很重要吗？我现在急着要完成一项工作。"有些同事常常令人头痛，和他们讨论业务问题，最后常会变成一大堆个人琐事的闲聊。一个解决的方法是到他的办公室去谈话，这样当你觉得正事办完了，你可以自由地离开。如果你出于职务的需要，很幸运地拥有独立的办公室，那么有一个很简单的阻止不速之客的方法，这就是把门关上。但是这一招不能常用，否则你会失去和同事接触的机会，让别人感觉你拒人于千里之外。如果你想要经常关上办公室的门，不妨每天保留一段时间，在办公室里四处晃荡一下，让大家都知道你一般在这个时间段有空。

在哈佛商学院管理大师约翰·科特看来，"瞎忙"体现出商界以及政界、社会组织和上班族个人管理中十分普遍的"自满与虚假的紧迫感"。其基本特征是：尽管口头上谈论着创新或者改变，但对绝佳的新机遇和可怕的新危险并不放在心上，思维和行为都沿袭以往，自以为应该做什么，然后在焦虑和恼怒的压力驱动下忙乱起来。最后没能取得绩效、未能达到目标，便拿着已履行过的、被排得满满的日程表聊以自我安慰。

空谈是最没有意义的瞎忙！爱因斯坦曾经提出过一个著名的公式：成功＝艰苦的劳动＋正确的方法＋少说空话。爱因斯坦把珍惜时间、少说空话，放在和艰苦劳动、正确方法的同等地位上，作为在事业上有所建树的条件。而且他本身就是这方面的楷模。物理学家英菲尔德曾经十分生动地描述了爱因斯坦珍惜时间，不说废话的情形。有一次，英菲尔德去找爱因斯坦，看见他穿着没有衣领的衬衫和皱得一塌糊涂的裤子，一双光脚塞在皮鞋里，见面后竟连一句寒暄也没有，只问英菲尔德懂不懂德文。英菲尔德作出肯定的答复后，爱因斯坦就说："那我们谈谈，现在我正在研究什么吧。"嘴里叼着那早已熄灭了的烟斗，不时提一提那条太大的裤子。一直讲到下午结束时，才说了第一句，也是唯一的一句与物理学无关的话："从这个窗户看出去景色多美啊！"

　　富兰克林曾经是个喜欢空谈和说笑话的人。为了矫正这个坏习惯，他特别要求自己做到："除非于人于己有利之言不谈；避免琐屑的谈话。"那些嘴上喊着"时间不够用"，可就是喜欢吹牛聊天的人，不妨向富兰克林学习。

第二周星期三
学会利用时间

　　每个人每天都有 86400 秒进账，合理地利用它们，你就可以创造财富、爱情和健康。管理时间就相当于管理自己的生命。拖拉、懒惰的人在消磨时间，浪费生命；而懂得利用时间、节约时间的人就能提升生命价值。如果你将每一天的时间都安排妥当并严格执行，那么你的生命也将趋于完美和充实。

怎样利用零碎的时间

> 时间最不偏私，给任何人都是二十四小时；时间也最偏私，
> 给任何人都不是二十四小时。
>
> ——托马斯·亨利·赫胥黎

我们经常会感到时间紧张，根本没有时间干许多重要的事。这是因为生活中有很多零星时间，它们不像大块时间那样容易引起我们的重视，往往在不经心时就从身边溜走了。零散的时间是可充分利用的，如果能化零为整，那么工作和生活将会更加轻松。

所谓零碎时间，是指不构成连续的时间或一个事务与另一事务衔接时的空余时间。这样的时间往往被人们毫不在乎地忽略过去。零碎时间虽短，但是不断积累起来，其总和却是相当可观的。

如果每天花 15 分钟看书，一个中等水平的读者读一本一般性的图书，每分钟能读 300 字，15 分钟就能读 4500 字。一个月是12.6 万字，1 年的阅读量可以达到 151.2 万字。而书籍的篇幅从 6万～10 万字不等，平均起来大约 7.5 万字。这样，如果一个人每天读书 15 分钟，一年就可以读 20 本书。这个数目是相当可观的，远远超过了世界上人均的年阅读量，而且这并不难实现。曾经有人用每天等候开饭的短暂时间读完了长达 12 卷的《英国史》，还有人每天利用等待咖啡煮好的 19 分钟翻译《地狱》一书，这个习惯坚持了若干年，直到这部巨著的翻译工作完成。懂得零碎时间的价值，并不等于能够巧妙地运用零碎时间。要利用好零碎时间，也要掌握一些技巧。

首先，将所有的工作分为"事务型"与"思考型"两种。"事务型"的工作不需要你动脑筋，可以按照所熟悉的流程一路做下去，并且不怕干扰和中断；"思考型"的工作则必须集中精力，一气呵成。对于"事务型"的工作，你可以按照计划在任何情况下顺序处理；而对于"思考型"的工作，你必须谨慎地安排时间，在集中而不被干扰的情况下去进行。对于"思考型"的工作，最好的办法不是匆忙地去做，而是先在日常工作和生活中不停地去思考，当你的思考累计到一定时间后，再安排时间集中去做，这时成果会如泉水一般自动地汩汩而来，你要做的无非是记录和整理它们而已。

在空白的零碎时间里加进充实的内容，称为"嵌入式"的时间利用方式。人们由某种活动转为另一种活动时，中间一般会留下短暂的空闲时间，比如到某地出差时的乘车时间，会议开始前的片刻，找人谈话的等候时间等等。对这种零碎的空余时间应该充分加以利用，做一些有意义的事情。也可以适当延长自己某次活动的时间，把零碎时间压缩到最低限度，使一项活动尽快转为另一项活动，减少期间的过渡时间。

你每天都需要做一些日常工作，比如查看电子邮件、与同事或上级的交流、打扫卫生等等。这些常规的工作杂乱而琐碎，如果你不小心对待，它们可能随时都会跳出来骚扰你，使你无法专心致志地完成别的任务，或者会由于你的疏忽带来不可估量的损失。处理这些日常工作的最佳方法是定时完成：在每天预定好的时刻集中处理这些事情可以是一次也可以是两次，并且一般都安排在上午或下午工作开始的时候。这样，处理这些事务的效率才会提高，并且不会给你的其他主要工作带来困扰。

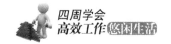

我们常常会遇到这样的情况：离预定好的约会还有半个小时的空余时间；焦急地等待某人或某物，却不知道他什么时候会到来；所有任务都已完成，而下班的时间还未到来。通常，人们遇到这些情况时，会采用两种方法去对待：或者百无聊赖地等待，或者随便拿起一项工作来做。如果随便进行一项工作，最可能的结果是工作效率极其低下。

对待空白时间最好的方法是：安排好随时可进行的备用任务。这样的备用任务要求具备的特点是：不需要耗费大量的脑力去思考；随时可以中断，并且下次可以继续进行；没有时间的压力；能给自己带来一定的乐趣。比如阅读有益的但是非专业的书籍、查看网络新闻、对已完成的工作成果进行美化加工（例如整理文档，修饰绘图设计）、将顾客名单裁成小条等等。这样不仅可以把这些需要等待的空白时间充分利用起来，还可以有额外的惊人收获。

如果没有什么具体的事情需要做，那就思考。一次，爱因斯坦与一位朋友约会。朋友没有按时赶到，他便来来回回地踱步思考问题。半小时后，朋友匆匆赶来，抱歉地说："对不起，耽误你的时间了。"爱因斯坦却不无得意地说："我正要感谢你呢。正是在你给我的这段时间里，我思考出来一个重要的科学论题的答案。"做饭、散步、上下班的路上，都可以适当地一心二用。不少人在下厨房做饭时，仍能考虑工作问题，有的还准备好笔和纸，一边干活，一边构思，对工作有什么新的想法，马上就记录下来。

利用零碎时间的方式有很多，每个人在自己的工作和生活中总结出来的经验都不一样。用什么样的方式利用自己的零碎时间根据各人的习惯和具体工作而定。但是，无论你利用零碎时间做什么，首先都要有时刻将自己的零碎时间好好利用起来的思想意识。其次，要懂得根据自己的目标以及工作安排，灵活运用零碎时间。善于运用零碎时间要做到随身"三带"：笔、本和书报。这样可以见缝插针地学习，也能够随时把一些新的思想记下来，还可以记录一下自己零碎时间的利用情况。据统计，能自觉地运用零碎时间的人只占3％～5％左右。你若能成为其中的一分子，那么，你离成功也就不远了。

零碎的时间看似微不足道，但日积月累将会是一大笔时间财富。汇涓涓细流遂成大海，积点滴时间而成大业。事物的发展变化，总是由量变到质变的。点滴的时间看起来很不显眼，但这些零零碎碎的时间积累起来却大有用场。

怎样挤出时间

时间就像海绵里的水，只要愿挤，总还是有的。

——鲁迅

假如一个人的寿命为72岁，那么他的时间分配大约是这样的：睡觉占去20年，吃饭6年，生病3年，工作14年，读书仅3年，而体育、看戏、看电影等活动则要占去8年，饶舌4年，打电话1年，等人3年，旅行5年，打扮5年。睡觉、吃饭、治病，属于生理上的需要，而谈天、玩乐、旅行、打扮、恋爱也是人们全面发展的需要和丰富生活的需要，同样不可缺。所以有些人声称"不能把比黄金还要宝贵的光阴淹没在这些事情上"，这是错误的想法。与其抛弃美好的生活体验，不如想方设法把一般人认为不屑利用或难以利用的时间利用起来，并创造了从时间中去找时间的切实可行的方法。

时间有很多奇特之处，正如俄罗斯作家格拉宁形容的那样，它"有时过得慢一些，有时过得快一些，有时它停了下来，待住不动了。有的时候，特别敏锐地感到时间的步伐，这时，时间飞驰而去，快得只来得及让人惊呼一声，连回顾一下都来不及。""而有时，时间却踯躅不前，慢得像粘住了一样，简直叫人难受。它突然拉长了，几分钟的时间拉成一条望不到头的线。"古往今来的成功者，正是利用时间的这种特性，不断地充实时间的容量，就像盖楼房一样，本来只有几十平方米大的地基，盖起楼房却可以占据几百平方米的空间。赢得了时间，就是赢得了一切。历史上一切有成就的人，无一不是善于挤时间的能手。

提起"挤"时间，有的人总是摇头叹气地说，一天工作 8 小时，有时还有其他活动，每天排得满满的，怎么挤？那么请听彼得·德鲁克的一段话："我强迫我自己去请求我的秘书每过 9 个月做一次时间统计，统计一下 3 个星期来我的时间利用情况。然而，虽然我这样已坚持了五六年，我每次总要嚷嚷：'不可能！我知道我浪费了很多时间，不过不可能有那么多！'我倒想看看，谁做了这样的统计会得出不同的结果。"德鲁克的经验说明，时间大有潜力可挖，时间的容量还有待进一步充实，时间是能够挤出来的。要想挤时间首先要学会统计时间，就像德鲁克要求秘书所做的那样。苏联昆虫学家柳比歇夫，在其短短的一生中，发表了学术著作 70 多部，还写下了 12500 张打字稿的论文和专著，内容涉及昆虫学、科学史、农业遗传学、植物保护、进化论、哲学等。据说他小时候曾摔断了胳膊，成年后患过肺结核，溜冰时摔伤了后脑壳，还人为地挨过几次整。在紧张的科学研究中，他仍然每天都能保证 10 小时左右的睡眠时间，并经常参加娱乐活动、体育锻炼，从事社会工作。他的时间是从哪里来的？原来，他从 1916 年元旦开始，当时 26 岁的柳比歇夫就对自己实行了一种"时间统计法"。每分钟，每小时，自己做了些什么，时间是否用得恰当，他都有详细的记载。而且像吝啬的小商人核算金钱一样核算自己的时间，一天一小结，年终一总结。直到 1972 年逝世为止，56 年如一日，从来没有间断过。

了解了自己运用时间的状况，就可以使用并列运筹法和交叉轮作法来"挤"时间了。并列运筹法是指在某项松散活动进行期间同时开展另一项活动。人们常说"一心不能二用"，其实不尽然，有时一心可以二用。现代科学已经告诉我们，人的不同行为是大脑不同区域支配的，一个人可以同时干两件事情。干一件事而一举两得，这是提高时间利用率的好方法。交叉轮作法是模仿农业上交叉轮作以提高产量的方法，把一天的活动内容交错进行安排，以提高效率。这是因为大脑细胞长时间接受一种信息刺激、长时间持续同一个活动内容，会导致工作效率降低。如果穿插进行其他内容的活动，人体原有的兴奋区产生抑制，在其他部位出现新的兴奋区。

为了使时间使用更趋合理，使用时间也需定期"盘点"。"盘点"始于计划。订计划有两种态度：一种是漫不经心的，好像业余摄影爱好者捕捉了几个大有希望的镜头就匆忙冲洗，可结果往往使他沮丧；一种是严肃认真的，如同专业摄影师不但事前认真选择镜头，而且冲洗后还要仔细研究，经过剪裁、曝光等一系列试验，从中选出最好的，再作加工，终于成为获奖照片。有了计划之后，就要"盘点"可以投入的时间，确定行事次序，规定完成的最后期限。

遇到事情，首先提出三个问题：

一是能不能取消它？首先找出有哪些事根本不必做，有哪些事做了也全然是浪费时间，无助于成果。如果有些事不做，也不会有任何

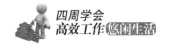
影响，那么，这件事便该立刻停止。

二是能不能与别的事合并？把能够合并起来的事尽量合并起来做。

三是能不能代替它？用费时少的办法代替费时多的办法而同样能达到目的，当然是最佳方案了。德国化学家李比希，有次去英国考察，到一家工厂参观绘画颜料"柏林蓝"的配制过程。他见工人们先用药水煮动物的血和皮，调制成"柏林蓝"的原料。然后把原料溶液放在铁锅里再煮，并用铁棍长时间搅拌，边搅边把铁锅捣得咔咔响。李比希感到很奇怪，一个工头向他解释道："搅拌锅里的溶液时，一定要用铁棍搅，而且发出的声音越大，'柏林蓝'的质量越好。"李比希笑道："不需要这样搅，只要在'柏林蓝'原料里加点含铁的化合物就行了。用铁棍使劲磨蹭，无非是把锅上的铁屑蹭下来，使它与原料化合成'柏林蓝'。这样虽然也行，但太浪费时间啦！"由此看来，遇事三问，从而采取正确的工作方法，改变不科学的工作程序，实在是从时间中节约时间，从时间中找时间的妙法。

科学运筹 24 小时

普通人只想到如何度过时间，有才能的人设法利用时间。

——亚瑟·叔本华

一天有 24 个小时。如何统筹安排这 24 个小时，达到最好的时间利用效果呢？下面就来讲解一下工作者最充实的一天是怎样度过的。

清晨是一天的开始，是否能够准时、愉快地醒来，对当天的工作效率有很大的影响。为此，起床时可用一种较为科学的方式唤醒自己，那就是睡前调整好录音机，选配好喜爱的音乐。然后将录音机放在枕边，订好起床时间，时间一到就会自动地播放音乐。这样，在睡意蒙胧之中听到愉快的音乐，自然就会醒来，起床后的心情也会很愉快。

醒来之后可不必马上起床，可以在继续享受"热被窝"的同时考虑当天之中预定的工作或工作的安排方式，或是思索已变成悬案的事情应该如何处理，整理好思绪再起床。此种做法有几个好处：第一，寝室内没有妨碍思考的声音或动作，可以静静地思考事情；第二，躺在床上，姿势很舒服，比较容易产生好的构想。

起床之后直到出门前的这段时间是"杂用时间"。在这段时间里，梳洗、着装、吃早餐等杂事，必须干净利落。住在大都市里的上班族大多要长距离乘车，这段时间算在上班前的在家时间里，所以行动慢吞吞，就很可能没有时间吃早餐了。

在这段时间中，不应仅是单纯地做着自我整理的工作，而同时应与平日很少碰面的家人沟通一下。虽这么说，但仍时常腾不出时间来，

所以只好做同时并行式，一边刷牙或一边吃饭而一边与家人交谈。这种方式可称作同时作业的时间利用方法。梳洗、着装等工作，只要以"同时作业"进行就足够了。若能因此而节省时间，让多出来的时间能更有意义地渡过会更好。

报纸是重要的信息来源之一，但上班的人有时间全部看完的却很少。而且也没有必要把报纸上的内容巨细靡遗地阅读一遍，只要选择阅读认为对自己有用的消息即可。出门上班前，在家里将报纸的全篇大略地浏览一遍，此时不看消息的内容，只看标题。之后选出想看的消息或可能有帮助的消息，与日期一起撕下，其余的丢弃。如此做的话，厚重的报纸就变成只有一点点了。撕下来的消息放进书包里，搭上公车之后再慢慢阅读。

度过高效率的上午工作时，接下来就是午休时间。如何有效地活用包括午休时间有很多方法。首先，可以将午休时间与一般公司的时间错开一小时。一般的上班族都是中午 12 点左右休息，此时无论哪里的饮食店都非常拥挤，常常需要等待空位，而且人的进出频繁，不能享受进餐的乐趣。但是将午休时间错开一小时就不会有这种问题了，此时每一家的餐饮店都已过了混乱的尖峰时间，可以在不慌不忙的气氛中进餐。在一般规定 12 点午休的公司，也许很难实行这个"时间差"的办法。但是可以稍微提早，或是利用预约的方式。与亲朋好友见面，可利用午餐时间。因为午餐时间彼此比较容易配合，而且不会像夜间的交际应酬那样喝酒。因此可以不打乱自己的安排而与多人互通信息。

下午的工作要及时完成，尽量不要加班，回家后也不要再继续工作了，这一点我们在前边的论述中已经提到。那么除了必需的休息、娱乐和与家人交流之外，是否还有剩余的时间没有利用呢？如果你还没有觉得疲劳，不想上床休息，不如把这段时间用来学习。很多人工作以后就忽略了继续学习，这也是他们工作效率难以提高，过早遇到职场瓶颈的重要原因。

人们在进行系统学习时，一般都希望每天依照相同的步调持续进行。但有时候由于回家太迟，或是疲劳、厌烦，不能集中注意力学习。这种日子如果持续下来便成了低潮状态，预定的学习效果就无法达到。对付这种情况最有效的办法，是时间的"储蓄效果"。每个人都有精神兴奋的日子，在这种日子里只要积极地工作，就能比平时多出好几倍的成果，然后将这天的份量当作时间的储蓄。如此一来，即使在往后陷入低潮状况，就可以利用早前的"储蓄"来弥补，可以不必因没有成果而烦恼。

工作日的晚上无论多忙也不可削减睡眠时间。有很多人都熬过夜，但是有多少人在熬夜的隔天仍能以平日相同的步调工作呢？不言而喻，熬夜后的效率一定是相当差的。

然而失眠是现代人常见的病症。如果躺在床上睡不着，岂不是浪费时间吗？其实睡觉之前的时间是学习外语的最佳时间，利用床头音响设备，可以一面睡觉一面学习。心理学研究表明，当人在朦胧中时，潜意识会比较容易接受外部的刺激，记忆力的潜能也可以得到充分发挥。睡前所听的英语录音应当语调柔和，另外要使用定时装置，时间不要超过 30 分钟，以免影响深度睡眠。

如果还挂念着白天所发生的事情，有时在夜晚熄灯就寝后便会浮现脑中，令人不得安眠，在这种时候，最好能够试着在就寝之前把你所挂心的问题整理出来，看看你到底在担心些什么？介意什么？试着将问题逐条列出，写出备忘录。就算是不能马上想出解决的办法，至少已将问题客观化，心里会安稳些，将一切给潜意识去解决即可。

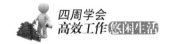
除了挂念的心事外，也可以将突然想到的好主意写在随身携带的备忘录上。入睡前的状态是最适合产生灵感的状态。有些科学家埋头研究，结果就是在假寐的时间里得到某些启示而发现研究的窍门的，这也是写备忘录的好处之一。好不容易发现好构想，如果没有马上记录下来，经过一觉醒来又将它忘记了，实在可惜。所以在忘记之前务必先将它写在备忘录后再安心睡觉。

第二周星期四

避免拖延，立即行动

时间比任何商品都昂贵，因为它是"有限的"，你无法创造，也无法花钱买到，只有不断减少和失去。浪费时间最厉害的三个凶手，分别是拖延、犹豫和完美主义，"做"永远比"什么都不做"要好。只有立即行动，避免时间被浪费，才能获得最佳的工作效率。

避免拖延

把活着的每一天看作生命的最后一天。

——海伦·凯勒

拖延是偷窃时间的贼，如果你是个办事拖拉的人，那么你一定会浪费大量的宝贵时间。有拖延习惯的人会花费许多时间思考要做的事，担心这个担心那个，找借口推迟行动，又为没有完成任务而悔恨。在这段时间里，其实他们本来能完成任务而且应转入下一个工作了。

时间管理的启蒙之作《帕金森定律》中有一段生动的描述："一位闲来无事的老太太为了给远方的外甥女寄张明信片可以足足花一整天的工夫：找明信片要一个钟头，寻眼镜又一个钟头，查地址半个钟头，做文章一个钟头零一刻，然后，送往邻街的邮筒。究竟要不要带雨伞？这一考虑又用去了 20 分钟。照这样，一个人在 3 分钟里可以办完的事，在另一个人却要一整天的犹豫、焦虑和操劳，最后还不免累得七死八活。"

拖延是不能按自己的意愿行事的精神状态，是常见的一种意志缺陷，也是许多人深感苦恼而又难以改正的缺陷。喜欢拖延的人往往意志薄弱，他们不敢面对现实，惧怕艰苦，缺乏约束自我的毅力；目标和想法太多，缺乏应该有的计划性和条理性；没有目标，也可能不知道应该确定什么样的目标。对拖延者而言，拖延是一种生活方式，尽管这并不是一种好的生活方式。

尽管拖延者比其他人更乐观，他们对时间的估计能力并与其他人并没有什么不同，但是让一个拖延的人制定一周的计划，就像让一个慢性抑郁症病人马上高兴起来一样困难。

拖延的表现有三种基本类型：

觉醒型或寻求激励型。这些人总是最后一刻到来时才会忙碌起来。

逃避型。这些人总是在逃避对失败的恐惧甚至是对成功的恐惧，但无论是哪种情形，他们总是担心别人是怎么看待他们自己的。这种类型的拖延者更愿意让别人认为自己做事不够努力而非能力不足。

决定型。这种类型的拖延者他们不去做决定，因为不做决定，他们就不必承担最终结果的责任。

拖延主要是下面这几个原因引起的：

（1）目标缺乏，动机不足。"我不知道做这些事情有什么意义。""真的有这么重要吗？还是等我心情好了再去做吧。"抱有拖延想法的人往往并不真正了解自己的需要，可能从来没有制订过人生目标，只是被动地接受他人的安排或指挥。

（2）思维消极。一个人的想法可以影响他对事情的预期和对自我胜任能力的评价。当他认为任务的难度很大或对自己没有信心时，就常常会拖延。其实，事情未必真如我们想象的那么难，而且人们往往会低估自己的潜能。

（3）回避焦虑。喜欢拖延的人对于压力比较敏感，当他们不得不去做自己不喜欢的事情时，就会感到巨大的压力，导致退缩和回避行为。小李不去体检，可能是健康意识不强，更可能是他害怕真的查出什么毛病来自己无法承受；老王作为经理不愿意见客户，说明他不喜欢承受销售工作中不可避免的焦虑和失败体验。

（5）被动攻击。对某些人来说，拖延还是一种情绪和态度的表达。当他们讨厌别人、不赞同对方的意见而又不愿意或不能正面反对时，

就采取不理睬、不执行的办法，以被动的形式"攻击"对方。被动攻击通常是潜意识的，拖延者很难意识到，更不会承认。

（6）自认为条件不成熟，无法开始行动也是导致拖延的原因之一。

要克服拖拉首先要弄清做什么会使你的收益最大。你要专心致志地把精力投入在你认为重要的事情上面，不要让那些"不应该做的事"占用你的时间。

对于能够遵循即时处理原则的人，不但做起事来得心应手，而且还能轻松愉快、卓有成效地做好工作。他们不寻找借口把今天的事拖到明天。因为他们已经养成一种习惯，凡是必须干的事就要马上处理完毕。

立即动手，不仅省去了记忆、记载或从头再来的时间，而且解除了把一件事总挂在心上的思想包袱。当然，有些事情是需要深思熟虑的，需要花时间详细考虑，但对于不太重要的事，"立刻动手"显然是最佳方案。

有个农场，田地正中多年以来横卧着一块大石头。这块石头碰断了农民的好几把犁头，还弄坏了他的拖拉机。老农对此无可奈何，巨石成了他种田时挥之不去的心病。在又一把犁头被打坏之后，农民终于下决心弄走巨石，了结这块心病。于是，他找来撬棍伸进巨石底下，却惊讶地发现，石头埋在地里并没有想象那么深，稍稍用力就可以把石头撬起来，再用大锤打碎清理出去。老农发现原来可以更早些把这桩头疼事处理掉，禁不住一脸的苦笑。

遇到问题应立即弄清根源，有问题更须立即处理，绝不可拖延。很多事情并没有你想象的那么困难，只要行动起来，你就会在行动中找出解决问题的方法。但是，"立即行动"的习惯总会遇到不少障碍，而这些障碍其实是人们自己设置下的。

如果你多年来都因在最后限期的压力下工作而感到刺激，你可能是个喜欢制造危机的人。危机制造者完全相信只有在最后一分钟他们才会被激发起来。危机制造者常常让别人急得发疯，他们常常造出危机并试图在最后一分钟解决，想让自己看起来在压力下表现良好。如果你是个喜欢制造危机的人，那就应该努力平衡你的生活。学习如何在工作之外建立一种有价值的生活，学会提高你的效率和工作质量，同时戒掉工作中突击的习惯。这会让你的生活从容不迫而不是危机四伏。

不要犹豫不决

> 世上没有一个伟大的业绩是由事事都求稳操胜券的犹豫不决者创造的。
>
> **——乔治·艾略特**

从前有个书生，整天好吃懒做，过着得过且过的日子。一天他看到有个奇怪的人，腿上有两个翅膀，额上有一条辫子，后面完全光秃。书生追上去问："先生，你尊姓大名？"

那人回答说："我名叫光阴。"

书生追问道："光阴先生，你腿上的翅膀和额上的辫子有什么用处？后面为何完全光秃呢？"

那人回答说："腿上的翅膀是帮我行走飞快的。我平时都走得很快，当我在路上走的时候，如果有人愿意抓我，那么可以抓住我额上的辫子。如果我走过了，对方再来抓我，就抓不住了，因为我头的后面没有辫子可抓，完全是光秃的。"

书生开始觉得可笑，但当他听完后，再也笑不出来了，因为他感到自己就是那个抓不住光阴的人。

这个故事的寓意是：犹豫是浪费光阴的罪魁祸首。

犹豫不决的人通常有两个特点：尽量不要做太多的决定，而且尽量拖延做决定的时间；找一个现成的东西来代替所要做的决定。显而易见，拥有这两种态度的人都错了。前者时常会在冲动与考虑欠周的行动之中自寻麻烦，而后者会仓促地做决定。但他所做的决定大都不成熟，而且一定会半途而废。要是他的决定出了错误，他只要让自己继续相信那是别人的错，问题并不出在自己身上就足够了。

心理学的研究解释，无论是人的认知还是客观世界的进展过程，其本质就是一连串的行动、犯错误与修正错误的过程。如果你总是站着不动，你就无法修正你的方向，不做事情，你也无法改变和修正。比如在棒球比赛中，只有对方投手投出高速的球，击打手才有可能击出直接得分的本垒打，但是击打高速球的失误率也是最高的。所以美国职业棒球大联盟的"本垒打王"鲍伯·詹姆斯同时也是因为三次击球失误而被罚出局的次数最多的球员。因此，你必须考虑事情的趋势和事实，预想各种行动方针可能的结果，选择你认为最好的解决办法，并且大胆地去做。

一个人不经过无数的大小错误，是无法伟大起来的。那些从不犯错误的人都不可能有任何创新的发现。托马斯·爱迪生的夫人曾经说过："如果有人问爱迪生，是否因为有太多的途径是行不通的而感到泄气，他一定回答说：不，我才不会泄气！每抛弃一种错误的路线，我也就向前跨进了一步。"

每个人都可以有很多思想，而且每时每刻都可能有很多思想。但是，在人的一生中，能变成现实、转变为行动的思想却是微乎其微。

一天之中，在我们想过的 100 件事中，有三四件能最终转变为客观现实就已经难能可贵了。主动地尝试是从思想走向成功的重要的一步。如果没有尝试，我们就不知道自己的思想是否正确，也不知道自己的观念是否能为自己、他人或社会带来收益，但只要经过尝试，成果就可能呈现。

观念的力量体现在动力之源上，而行动的力量则主要体现在动力的成效方面。海明威说：没有行动，我有时感觉十分痛苦，简直痛不欲生。当然，在尝试的过程中也可能暴露出问题，这时就要对行动的目标和方式做出校正，从而达到成功。这种"尝试——发现错误——校正错误再尝试——再发现错误"的过程在心理学中称为"试误"，是心理学的基础理论之一。

有些决策是本能的反应，是迅速而直接的。但是更多的决策是复杂的心理过程，就会被犹豫心理所干扰，不能果断地做出决策，结果坐失良机，反而造成失败或挫折。所以，果断、坚决、勇往直前、敢于决断才是成功者应有的良好品格。

克服犹豫不决的最好办法是肯定自己，坚信自己能行。犹豫不决的人总是担心自己做不好，自己还没有开始做就担心自己做不了，怎么可能成功呢？而自信的人则会对自己说："我能行，我会干好的。没什么问题。"这无疑是给自己打气，有了信心，也就不会犹豫不决了。

当犹豫不定时，不妨暂时退却，当考虑再三，发现没有能力做这件事时，就放下面子，承认自己不行，暂且后退一步，这样至少能避免以后的问题。必要时，多听听别人的意见，毕竟"当局者迷，旁观者清"。

停止收集过多的信息！收集过多的信息，需要很多时间，搞得人筋疲力尽，而且会使人迷惑。

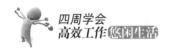

要养成独立思考的习惯！如果不能独立思考，随时随地因为别人的观点而否定自己的想法，将会使自己很容易犹豫。

总之，要克服犹豫不决的性格，就要逼迫自己训练一种遇事果断坚定的能力、遇事迅速决策的能力，对于任何事情都不要犹豫不决。当然，对于比较复杂的事情，在决断之前需要从各方面来加以权衡和考虑，要充分调动自己的常识和知识，进行最后的判断。一旦打定主意，就绝不要再更改。这样做，既可以增强人的自信，同时也能博得他人的信赖，给自己的成功奠定良好的基础。

克服完美主义

完美主义等于瘫痪。

——温斯顿·丘吉尔

质量与效率是一对难以调和的矛盾：想精雕细琢就要花费时间，想快速高效就难免粗制滥造。如何在质量和效率中找到平衡是所有工作者必须面对的课题。站在效率的角度，要维持工作的高效，就要避免将质量作为唯一考核标准，从而陷入完美主义的误区。

完美主义是一种人格特质，也就是在个性中具有"凡事追求尽善尽美的极致表现"的倾向，为了避免不完美，他们不惜多花许多时间、气力去做事情。完美主义是成功的阻碍。心理学研究证明，试图达到完美境界的人与他们可能获得成功的机会，恰恰成反比。追求完美给人带来莫大的焦虑、沮丧和压抑。事情刚开始，他们在担心着失败，生怕干得不够漂亮而辗转不安，很显然，背负着如此沉重的精神包袱，就妨碍了他们全力以赴去取得成功。

具有完美主义性格的人通常有下列几种特性：过分注意细节，不愿冒险，生怕任何微小的瑕疵都会损害自己的形象；缺乏弹性；标准很高，不允许犯错，对自己诸多苛求，毫无生活乐趣；注重外表的呈现；追求秩序与整洁；怀疑自我，因为担心有些事情还不完善，寝食不安，也无法信任他人，人际关系糟糕。完美主义性格有三种类型：

第一种是要求自我型。这类人严于律己，他给自己设下高标准，而且追求完美的动力完全是出于自己。

第二种是要求他人型。这类人总是严以待人，他替别人设下高标准，不允许别人的错误。

第三种则是被人要求型。这类型的人总觉得他被期待，要无时无刻都非常完美，因为他追寻完美的动力是为了要满足其他人的期望。

完美主义者对任何事都要求达到毫无缺点的地步，因而难免只按理想的工作标准苛求，而不按现实情境考虑是否应该留有弹性或余地。完美主义虽能驱使人奋发向上，努力达成目标。但也因为树立标准过高，行事缺乏弹性，加上求好心切，要求无懈可击，结果反而患得患失，徒增负担压力而已。

瑞士苏黎世大学研究人员邀请 50 名中年男子接受一项测验。研究者首先测定这 50 名男子的完美主义倾向，然后要求他们用 10 分钟时间准备一次面对两三名"考官"的求职演说。演说结束后，研究者要求他们从 2083 开始，每隔 12 个数字向下数一个数字，直到倒数至 0，其间只要错一次就要重数。

测试过程中，研究人员记录了这 50 人唾液中的应激激素皮质醇含量、心律、血压以及肾上腺素和降肾上腺素水平的变化。结果显示，完美主义倾向越严重的人，测试中分泌的应激激素越多，说明心理压

力越大。研究人员还发现，完美主义倾向越严重者在测试过程中显露出越多的"生机衰竭"迹象，证明他们产生了疲劳、急躁或信心受挫等负面情绪。而"生机衰竭"容易导致心脏病。

在现实生活中，我们经常可以观察到不少人给自己定的标准或目标是不切实际、难以企及的，从而导致忧郁沮丧（无法满意自己的表现）、焦虑（担心自己失败）、愤怒（对于不能达到完美无法释怀）、拖延（因害怕达不到标准而干脆逃避）、强迫性的行为（非得要做到完美不可），等等，更严重者，甚至会出现自杀。心理学家们把这种现象定义为"功能障碍型完美主义"。

其实，每个人或多或少都有一些完美主义的倾向，并不需要太过担心。但是，当这种个性已经影响到你日常生活或人际关系时，你就需要克服它了。

心理专家认为，人的完美主义倾向通常来源于早期成长的影响。当人们还在孩提时期，习惯以无所不能的心理满足自己的愿望，比如希望成人对自己的要求百依百顺，希望世界是属于自己的，生活按照自己的理想状态发展，久而久之，就有了完美主义倾向。完美主义性格的形成虽然和早期教育有很大关系，但成年后还是可以有意识地调整的。以下提供几项原则，来帮助你减轻自己的完美主义倾向：

首先，接受不完美的现实。平庸者是人类的主体，平庸的人类是世界的主体。世界上没有十全十美的人，也没有十全十美的事物，生活更不可能一帆风顺。人只有经受住失败的悲哀才能达到成功的巅峰。不要为了一件事未做到尽善尽美的程度而自怨自艾。

其次，要接纳自己，学习与自己的缺点共处。也就是要正确地认知自我，既不要把自己的能力估计得太高，更不必要过于自卑。要在自己的长处上培养起自尊和工作兴趣，不要在自己的短处上去与人竞争。否则，遇到挫折就可能导致身心疲惫。

第三，设定短期合理目标。目标定得太高，反而欲速则不达；目标定得太低，轻轻松松就过关，很不利于自己水平的提高。目标定位的原则是"跳一跳，够得着"，这样你的心情就会轻松自然，行事也会较有信心，感到自己更有创造力和更有成效。你的生活也会因此而丰实起来，变得富有色彩。

最后，变"固定品质"为"固定时间"。一个人每天所拥有的时间是一定的，所以做每件事也应该限定完成的时间，以能付出的时间来规范事情的品质。例如，今天必须完成一篇文章并做三四件事，规划后发现写文章的时间只有四个小时，那就必须限定在这四个小时中，在不影响其他必需的工作、不影响休息的前提下再去要求质量。看起来以时间代替品质作为做事的标准似乎牺牲了每件事的质量，但却保护了全方位的生活质量，尤其是相对宽松平和的心理气氛。

第二周星期五
不让机遇溜走

　　一个人的时间价值往往不是平均分布的，因为事有轻重缓急之分，往往关键时刻的一分钟时间具有超出平时一个小时的非常价值。高效工作者不仅要树立时间观念、时效观念，还要树立时机观念。时机，是时间性的机会。能够抓住时机的工作者才能将工作效率发挥到极致。

抓住稍纵即逝的机遇

> 一个人不论干什么事，失掉恰当的时节、有利的时机就会
> 前功尽弃。
>
> ——柏拉图

　　林恩是瑞士一家酒店的房务接待，一个阴雨连绵的早晨，一切都显得格外的沉寂，电话也比往日少了许多。林恩把前一天的几份订单存底重新装订入册，然后又回复了两份传真。两件事总共用了林恩不到10分钟时间，最后林恩坐下，心想可不可以利用这个时间下去吃份早餐，早晨上班时她走得匆忙，只在手提袋里装了两枚橙子。她犹豫了几分钟，最终还是起身离开了接待室。20分钟后，林恩返回，一切一如既往，电话安静地躺在那里。她不知道，就在她离开的20分钟时间里，一家跨国公司打电话给这家酒店，想预定整个酒店15天以举办销售年会。林恩的工作效率很高，但是她没有抓住这笔价值70万美元的大生意。

　　时机是事物发展到一定程度的一个特定时段，在这段时间内，事物具有与其他时间不同的特征，从而形成在整个发展过程中与其他时间既有联系，又有区别的这样一个阶段。所处的阶段不同、时间不同，事物发展的特点也不同。此一时，彼一时，宜于彼时之事，用于此时则必不合时宜。讲时间运筹，就必须把握不同时机事物的特点，采取与之相适应的方法，才能取得高效。善于捕捉机遇的人，会减少一半的奋斗时间。

机遇有三个特点：瞬时性、稀缺性和善变性。

瞬时性指机遇的持续时间极短。机遇稍纵即逝的原因有两个：一是形势瞬息万变，这一刻钟造就的机遇，那一刻钟机遇可能已消失于无形；二是竞争激烈。机遇只有一个，却有千万人竞争。机遇来了，就是抢也不容易抢到，更不用说不好好把握了。转瞬之间机遇已被别人捷足先登，后悔也无用。又因为众人均害怕坐失良机，从而造成一窝蜂的现象，机遇一露面，就会被眼明手快者抢去。

机遇是不期而至的，同样的一件事情，对于这个人来说是机遇，而对于那个人来说却不一定是机遇；对于这个人的这个时间阶段是机遇，而在其他时间阶段内却不一定是机遇。美国大富翁亚蒙·哈默的创业生涯始于他成功地抓住了创业的时机。哈默很关注各届政府首脑的经济政策，并深谙这些政策对经济的影响。当富兰克林·罗斯福总统入主白宫时，哈默研究了罗斯福的经济政策，并认识到罗斯福提出的"新政"中，禁酒令将会被废除，市场对啤酒和威士忌酒的需求就会大增。那么，哈默应该提前准备一些酒来卖吗？

显然，这样想的人都没有取得哈默那样的成就。实际上，哈默看到的是酒桶。他立即订购了几船制作木桶的白橡木板，在纽约码头设立了一个临时性的桶板加工厂。当哈默的这些准备工作就绪之际，罗斯福总统果然下令废除"禁酒令"。同时，哈默的酒桶正从生产线上滚滚而出，很快这些酒桶就身价倍增，有没有人同他竞争，哈默也从中大了一笔。

机遇的稀缺性，是相对于个别的人来说的。有句谚语说得好："二鸟在林，不如一鸟在手。"无论机遇有多少，不在你掌握之中的，这个机遇便不是你的。但要掌握机遇，绝对不是易事，原因也有两个。

一是由于人本身的限制，令你错过不少机遇，或是性格、心理上

的弱点，令你看不见机遇，即使看见，却不愿或不敢去争取；或者是物质条件不足，没有足够资源去开发机遇。

二是由于机遇稍纵即逝，所以难于掌握。形势变化制造机遇，但也能扼杀机遇。此外，由于竞争激烈，只要你稍一迟疑，机遇就给别人抢夺去了，这是客观环境令机遇难于掌握的原因。由于种种限制，不少人在一生之中，往往只抓住那么两三次的机遇，为他们所用。这便是机遇稀缺的原因。

机遇是条变色龙，它善于伪装，往往藏在最不引人注意的地方。机遇很低调，它来时不会大擂大鼓，通告全天下。机遇总是静悄悄地来到众人中间，静待首先发现它的那一个人。这就是机遇的善变性，它要求人们主动去戳破它的假象，把机遇辨认清楚，然后断然采取果敢的行动，把机遇牢牢抓住。

抓住机遇需要冒险精神

接受挑战，就可以享受胜利的喜悦。

——杰纳勒尔·乔治·巴顿

人们总是不能百分之百地预测未来会发生什么，因此机遇与风险是并存的。要想抓住机遇，就难免冒风险；把所有风险都消除掉的话，自然也把所有潜在的机会都丢掉了。世上没有万无一失的事，很多认为有百分之百把握的事最终也可能失利。不动手做的人，虽然不会失败，但也绝对不会有成功。任何人开始某项尝试的时候，实际上他就已经开始冒某种程度的风险了。因为天下没有在做之前就已经能肯定百分之百成功的事。

日本的大都不动产公司创始人渡边正雄想转行做不动产的时候，一没资金，二没经验，他决定去大藏不动产公司去工作，以便为自己创业打下基础。可大藏公司不愿接受他，无奈之下，他请求在大藏公司免费工作一年。这一年渡边拼命工作，掌握了大量的信息和经验。在大藏公司决定高薪聘用他时，他却离开了。他千方百计筹得了一些资金，开始从事经营房地产生意。

创业之初，有人向渡边推荐土地，那是一块有几百万平方米、价格便宜的山地。这块地与天皇御用地邻近，但是当时既没有道路，也没有公共设施，所以没人愿意买下来。渡边倾力筹借资金，先付部分押金果断地把地买了下来，同行们都嘲笑他是傻瓜。

随着日本经济迅速发展，人们的收入增加，对城市的噪音和污染感到厌恶。渡边买下的这块山地充满了泥土的气息和宁静的景色，开始渐渐吸引了人们的目光。渡边乘势在报刊上大肆宣传那里的优美环境，招引一些富裕阶层前往订购别墅和果园。一些经营耕作的庄稼人看到那里有民房出租和有耕地租用，也前来定居和从事种植蔬菜果树。一年左右的时间，渡边就把这块几百万平方米的山地卖掉了八成，一下子使他赚到 50 亿日元。

渡边在总结自己的成功经验时说："我之所以能成功，就是因为我敢于冒险。我在选择一个投资项目时，如果别人都说可行，这就不是机会 ——别人都能看见的机会不是机会。我每次选择的都是别人说不行的项目，只有别人还没有发现而你却发现的机会才是黄金机会，尽管这样做冒险，但不冒险就没有赢，只要有 50% 的希望就值得冒险。"

人们之所以能在面对风险的时候发挥出最高的效率，是因为在面对危险状况或出乎意料的紧张情景时，人就会进入应激状态。这时，

人的生理状态会发生显著变化，肾上腺会分泌大量肾上腺素，使血压升高、心率加快、血液循环加速，同时肝脏释放的大量肝糖原随着血液循环不断提供给大脑与肌肉，而消化系统暂停工作，又使人体的血液相对集中。于是，在血液量充沛的情况下，肌肉获得了远远超出通常水平的巨大能量，使人瞬间变得更为强壮有力，而大脑在养料与能量的补给中，使思维变得更为灵敏、警觉。这种生理上的突发性剧变，有助于人适应突如其来的偶发事件，动用自己的全部力量，集中自己的智慧和经验，发挥出全部潜力。

任何领域的领袖人物，他们之所以能够成为顶尖人物，正是由于他们勇于面对风险。如果你发现自己总也不敢冒风险，而是常常躲避它，下面几点建议也许能帮助你发掘和增强一些人人皆有的勇敢精神。

首先要努力实践理想。其实，我们谁也不知道别人的能力限度到底有多少，尤其是在他们怀有激情和理想，并且能够在困难和障碍面前不屈不挠时，他们的能力限度就更难预料。

其次，刚开始做一件事时，不要把注意力放在你所面临的全盘事务上。先了解一下第一步该怎样走，而且要确保这第一步你能顺利完成。这样一步一步地走下去，你就能走到你所期望到达的目标。

最重要的是：不要说"不要"。有时，当面临某一新情况时，人们往往会回忆过去的失败，从而花太多的时间往坏处想。

"不要"是一种消极的目标，"不要"会使你不想怎样却偏会怎样，因为你的大脑里会产生一些不好的图像，并对其作出反应。斯坦福大学所做的一项研究表明，大脑里的某一图像会像实际情况那样刺激人的神经系统。举例来说，当一个高尔夫球手在告诫自己"不要把球打进水里"时，他的大脑里往往会浮现出"球掉进水里"的情景，所以，你不难猜出球会落到何处。因此，在遇到令你紧张的情况时，要把注意力集中在你所希望发生的事情上。

当然，冒险不等于蛮干。对于大多数人来说，长时间地面对巨大的风险，也有可能降低自信心和耐挫力。勇于冒险不同于赌博，不等于碰运气，它是积极主动的进取，而非不管结果如何，先这么做起来再说，怕树叶掉下来砸破脑袋的人做不成事，而下着冰雹到露天地里溜达的人也会被砸得鼻青脸肿。真正创富的人不避风险，却绝对不蛮干，他们有自己的风险法规。真正的冒险不是头脑发热后的产物，而是谨慎的人进行的大胆尝试。众多成功人士的经历告诉我们：承担风险必不可少，但碰运气式的冒险绝对不可以。

机遇偏爱有准备的人

> 机遇只偏爱有准备的头脑。
>
> ——阿尔伯特·爱因斯坦

如果说成功确实有什么偶然性的话，这种偶然的机会也只会垂青有准备的人。机会对我们所有人都是平等的，但前提是在它到来之前，你一定要做好准备。

许多工作者常因为做事没有准备，而错失大好机会。例如，平时没有好好提升自己外语能力的员工就只能与派遣到国外出差的机会擦肩而过；没有花时间和精力去学习管理类知识的员工尽管兢兢业业，却很难提升到管理层。因此，只有充分准备，后面的工作才能真正达到水到渠成的效果。

准备不足还是所有失败的根源。

宝洁公司生产的婴儿纸尿布销售市场遍及世界各地，20世纪80年代同时进入德国和香港市场。可是接下来发生的事情却大大出乎宝洁公司的预料。德国的代理商向总公司汇报，德国的消费者反映，宝洁公司的尿布太薄了，吸水性不足；而香港的销售商却说，香港的消费者反映，宝洁公司的尿布太厚了，简直就是浪费。

为什么同样的尿布，会同时出现两种截然不同的批评呢？通过详细的调查后发现，这是因为德国和中国的母亲使用婴儿尿布的习惯不同所致。德国的母亲习惯早上起来的时候给孩子换一块尿布，然后一直到了晚上才会再去换一次。可是中国的妈妈把婴儿的舒适当作头等大事，孩子只要尿布湿了就会换上一块新的尿布，一天要换很多次，所以宝洁公司的尿布在德国人看来太薄而在香港人看来太厚了。

宝洁公司之所以会遇到这样的难题，无疑是因为产品开发人员没有考虑到产品市场中不同国家和地区之间的文化差异；没有对不同地域使用尿布的习惯进行调研；在设计新产品的时候没有做好相应的准备工作。

一切成功都会留给有准备的人，"蛮干"和"盲从"类型的员工并不能给企业带来益处，他们缺乏准备的习惯还可能使事情变得更糟。不做准备的员工看似聪明，实际上却效率低下，甚至漏洞百出。因此，要想能够出色完成任务，你就应该善做准备，保证自己的执行力。

做好工作准备，有四个基本要素：工作计划、工作材料、合作者和信息资料。

首先是工作计划。计划能使你明确目标，令你一整天的工作都有一个导向，不至于在工作中偏离了方向。因此，无论你手头要做的工作有多么的繁重，也要先停下来花一个小时的时间计划好自己接下来要做的所有事情，并且根据实际情况安排好自己要完成的每一件事情的时段以及时间长短。排列好工作的优先顺序，这样既不会使自己因为不知道要做什么而浪费时间，也不会因为工作没有目的和顺序而手忙脚乱。

其次是工作材料。有一位勤劳的锯木工人，被命令锯掉仓库中所有的木料。接受任务以后，他毫不拖延地投入工作当中，每天工作 10 个小时。可是，渐渐地他发觉自己锯木的数量在一天天减少。他开始想，一定是自己工作的时间还不够长，于是除了睡觉和吃饭以外，其余的时间他都用来工作，一天要工作 12 个小时。但工作量仍有减无增，他陷入了深深的困惑之中。

终于有一天，他把这个困惑告诉了主管，主管看了看他，再看了看他的锯条，若有所悟地说："你一直都用这锯条吗？你就从来没有想过将它磨锋利或者再换一个新的？"

工人回答道："我每天勤奋工作，连锯木头的时间都不够用，哪有时间去干别的。"

有很多人都和锯木工人一样，认为时间不够用，于是拼命地工作。但是无论自己怎么努力，工作的效率仍然很低。如果你是这一类的员工，那么请仔细地思考一下主管的话，你是否也会在平常工作中只知道埋头苦干，却没有准备好工作必需的材料？换个角度和思维，先准备好自己工作所需的一切资料，工作就会变得轻松且有效率。

对于需要团队协作才能完成的项目，在任务开始之前必须疏通好人际关系，让所有的合作者进入工作角色。这项准备工作做不好，万一工作过程中出现矛盾，有人"撂挑子"，就不免功亏一篑。

最后是信息资料的重要性，往往被处于信息时代中的工作者所忽视。作家刘心武在长篇小说《钟鼓楼》中，讲述了改革开放初期，某局局长的工作故事。为解决一个最佳方案问题，局里专门成立了一个临时小组，由这位局长亲自挂帅，争分夺秒地进行了讨论、起草、修改、敲定——他们"仅仅"用去了十天时间，便形成了一个可交付实践的方案，效率不可谓不高。但随即就有技术情报组的组长主动递来一份材料，原来国外早有这种方案公开发表在杂志上，并且细节拟定得比他们的最后方案更加详尽、合理！他们仅仅是没有养成掌握和利用信息的习惯！倘若他们有这个习惯，不用开十天会，仅仅依靠一个灵便的情报系统，便能够在一天之内，或者几小时乃至十分钟之内，迅速地解决问题。

没有信息就断了线索，断了线索就不可能完成任务，更不可能做成大事。了解自己一天的工作内容，认清自我职责所在，明确自己要达到的目标之后，就要开始着手搜集工作过程中可能需要用到的一切资料和信息。

信息资料搜集主要搜集两方面的内容，即客户内部资料和外部资料。内部资料主要是指公司内部保存的一些资料和数据，例如，企业会议、决议文档资料、财务报告和统计报表、制度范本、现场观察记录以及有关原始凭证和台账、企业问卷调查和员工访谈所得资料等。外部资料则包括很多可能影响工作的外部因素。在搜集资料的过程中，应该以第一手资料为主，尽可能多地搜集一手资料，使用二手资料时要尽量验证资料来源的真实性和可靠性。

第二周星期六
· · ·
恢复优质的睡眠

睡眠是人类与生俱来的一项活动，也是最好的休息手段。正因为它的无师自通，不少人才对它采取无所谓知之、无所谓不知的态度。然而经心理学家研究发现，不科学的睡眠习惯是导致睡眠质量不高的主要原因。只有足够合理的睡眠，才能让人恢复精力，更好地投入工作和生活。

好好睡一觉吧

我除了睡觉和休息，从没有其他的锻炼。

——马克·吐温

睡眠是每人每天都需要的，大多数人一生中的睡眠时间可超过生命的三分之一。但是睡眠的确切定义，随着时代的变迁而有着不同的内涵。早期心理学研究认为，睡眠是由于身体内部的需要，使感觉活动和运动性活动暂时停止，给予适当刺激就能使其立即觉醒的状态。后来由于人们认识了脑电活动，发现睡眠是由于脑的功能活动而引起的动物生理性活动低下，给予适当刺激可使之达到完全清醒的状态。而近些年的研究认为，睡眠是一种主动过程，并有专门的中枢管理睡眠与觉醒，睡时人脑只是换了一个工作方式，使能量得到贮存，有利于精神和体力的恢复，而适当的睡眠是最好的休息，既是维护健康和体力的基础，也是取得高度生产能力的保证。

睡眠是使大脑休息的重要方法。人在睡眠时，大脑皮层大部分处于抑制状态，体内被消耗的能量物质重新合成，使经过兴奋之后变得疲劳的神经中枢，重新获得工作能力。睡眠的好坏，不全在于时间的长短，更重要的是睡眠的深度，深沉的熟睡，消除疲劳快，睡眠时间可减少。

"健康的体魄来自睡眠"这是科学家新近提出的观点。没有睡眠就没有健康，睡眠是人生生活节奏中一个重要的组成部分。睡眠不足，不但身体消耗的能量得不到补充，而且由于激素合成不足，会造成体内的内环境失调。更重要的是，睡眠左右着人体免疫功能。科学家认为，如果你希望自己健康，就必须重新估价睡眠对健康的作用。经常开夜车，或通宵达旦地打牌、看电视，对健康是非常不利的。

如果你总是感到很疲劳，无法醒来也无法入睡，很有可能你精神抑郁、易怒，生活压力过大。大部分人低估了缺乏睡眠是如何影响自己的情绪和使自己难过、想流泪的。经常缺乏睡眠会使你无法做出决定、无法很好地解决复杂的问题、合理性的思考。睡眠时间的长短也因人而异，可以分为长睡眠型（8小时左右）和短睡眠型（6小时左右），4～10小时都属于正常范围，以第二天醒后精神饱满程度为准。

人的睡眠是有节律的，深睡眠和浅睡眠交替反复进行，直到清醒。睡眠的前半段多为深睡眠，后半段多为浅睡眠。人在长时间睡眠的情况下，深睡眠并不增加，只是延长了浅睡眠的时间。很快能进入深睡眠的人，即使浅睡眠的时间少一些，也不会影响到精神状态。相反，只是延长了浅睡眠时间，睡眠质量并未改善，起来后依然感觉疲惫。

研究发现，短时间睡眠出现熟睡的比例较高。这种睡眠时间可能很短，但足以维持人体正常机能的运转。与之相反，多眠者较多出现浅睡和中途觉醒而形成质量低下的睡眠。因此，科学家们认为，睡眠时间长短是次要的，关键在于睡眠的质量。

对此，有心理专家提出这样的设想，既然开始的睡眠比较深沉，那么，为什么不将一天的睡眠分为多次进行呢？实际上，在欧美的一些国家，有些人参照画家达·芬奇的方法，习惯一天睡三次，午饭后小憩一会儿、晚饭后打盹儿片刻及通常夜晚的睡眠。很多人都有这样的经历，当感觉特别累时，便想睡一会儿，一旦抽时间打个盹儿，精力马上得到恢复，即使晚上少睡两个小时也不感觉困。人在一天中由于思维、感觉、反应而消耗的脑细胞中存储的关键能量，只有通过酣

畅的熟睡才能得到充分补充。

科学家强调，人们以睡眠时间长短来区分不同人的睡眠情况，但无论少眠或多眠，都或多或少受到遗传的影响，而且并非一成不变。人们大可不必过分计较睡了多长时间，每天保持有规律的起居，注意保持适合自己的睡眠模式，才是维持健康的根本所在。尤其是青年人，睡眠具有较大伸缩性，即使因故牺牲了睡眠时间，也可通过熟睡，用睡眠的质来弥补量的不足。睡眠不足的人，切不可有沉重的精神负担，不良心理是引发睡眠紊乱症的重要因素，对健康是真正有害的。

总体而言，睡眠时间的长短因人而异，睡眠分段进行这一健康新时尚，正是顺应了"只要能消除疲劳和恢复精力，适当减少或增加睡眠时间都是无可非议的"这一现代生活健康准则。

睡眠习惯也影响着睡眠质量。有一部分人因为睡眠质量不好或者长期失眠而不得不借助药物来保证睡眠，这很可能使身体产生对药物的依赖，并不能从根本上解决睡眠问题。

失眠了怎么办

> 金钱可以买到床铺，但不能买到睡眠。
>
> ——威廉·萨克雷

麻烦的是，很多人因为生活不规律、工作压力大，患上了失眠症。导致失眠原因有很多，通常情况下是暂时的，只要去除导致失眠的原因，一般都可以恢复原先的睡眠品质。

大多数为失眠烦恼的人是确实需要睡眠，可是却无法入睡。有些人越是躺在床上，脑子里的思绪就越活跃，或者是即使好不容易睡着了也是多梦，睡着后极其容易被惊醒，而惊醒后再难以入睡。被习惯性失眠的困扰的人一般会求助于医生，或是自己购买安眠药服用。但是长期服用安眠药容易造成药物依赖性，以至于没有服药时根本无法自然入睡。

根据研究，有25％的人有过失眠症，那些迟迟难以痊愈的患者却往往是强烈求治者，多数不求医者反而会自愈。这其中的原因在于求治者大多有神经质的疑病倾向，过分追求完美的人格，常对自己的身体、心理、人际关系等过于敏感和关心。

事实上，失眠症仅仅是指那些因为睡眠时间不足而造成大脑过度疲倦的患者。如果没有困倦感，即使没有睡眠也不是病态。曾有许多报道说有人数年未睡觉，实际上他们只是不像常人那样入睡，但是他们总有方法使自己的大脑得到适当地休息。

过于关注睡眠问题，正是引起失眠的恶性循环的开始，结果越着急越睡不着。不少失眠者采用数数的办法帮助入睡，殊不知其结果适得其反。原因很简单：数数会导致注意力集中，从而使大脑持续处于兴奋状态，结果更难以入睡。要把睡眠当成一件自然而然的事。放松心情，不要过于在意，就会很自然地入睡。

尽量养成每天同一时间上床睡觉，保持卧室环境安静、昏暗、温度适宜，床铺和被褥清洁、舒适。床是用来睡觉的地方，睡前应减少身体上和精神上的活动。体力活动虽然有助于睡眠，但是睡前过度运动可使血液循环加速，精神兴奋，不利于睡眠。不要在床上观赏紧张刺激恐怖的电视、电影，造成心理不安而影响入睡，也不要在床上思考问题，有些事应在睡觉前想好或干脆留到明天去想。

睡眠时使用的枕头以8～12厘米高为宜。枕头太低，容易因为流

入头部的血液过多，造成次日头脑发胀、眼皮水肿。以被蒙头易引起呼吸困难。同时，吸入自己呼出的二氧化碳，对身体健康极为不利。

每晚睡前喝牛奶可以帮助睡眠，因为牛奶中的钙质可以安神助眠。牛奶中还含有催眠的化合物——色氨酸。不过牛奶含有丰富的蛋白质，蛋白质可以促进血液循环，有提神的作用，所以睡前喝牛奶应该搭配饼干、面包之类的甜点，或者在牛奶中加入糖或蜂蜜。高糖食物可以促使血管收缩素的分泌，使人产生睡意，同时帮助人体维持晚间的血糖水平，从而有效地避免过早苏醒。

心理学有一句名言："如果你把自己当作病人，你就永远像病人一样的生活；你把自己当作健康者，你就会和正常人一样健康乐观的生活。"所以，不要把失眠当作病痛，要坦诚地接受它，不为失眠而担心恐惧，睡眠的发生不是以人的意志而决定的，所以切莫追求睡眠，如果确实睡不着，不如闭目养神。

许多人有过这样的体验：一阵劳作之后，便会觉得头目发昏，这时如果能闭上眼睛休息几分钟，再睁眼时即有一种清爽之感。这个过程就是通常所说的闭目养神。

"眼不见，心不烦"是很有道理的。闭上眼睛可以养目，更可以静心。我国传统医学认为，"神"是人体生命活动和精神知觉的总称。神对健康影响重大。《内经》曰："得神者昌，失神者亡。"可见神的盈与亏关系到人的健与衰，神的得与失又关系到人的生与亡，"心静则神安，神安则灾病不生"。有研究表明，白天有闭目养神习惯的人，晚上更容易入睡，睡眠质量也高，很少做噩梦。这说明闭目养神是解除疲劳、恢复体力、提高精力的一种休息方式。

在人体的所有感觉器官中，最容易疲劳的就是眼睛，因为在人脑接收到的所有信号里，有84%是通过眼睛输入的。在日常生活中，要善于利用空隙时间珍惜视力，保护眼睛。三五分钟也好，10 多分钟也好，尽可能地利用空闲时间闭目养神。闭目养神可在工作、学习间隙进行，也可选择安静处闭目独坐，排除一切外界干扰，放松思想感情，使大脑处于静止状态，无所思念，无所顾虑，安心养神。

闭目养神时要注意做到"放松入静、顺其自然"，这样才能使全身经络疏通、气血流畅。晚上难以入睡时，最好的选择是闭目养神，以静其心，而不是选择读书、看报。在闭目养神的同时，如果能够再配合眼部按摩，则能够很好地改善头晕眼花、视物模糊、眼睛干涩、眼肌疲劳等症状。具体做法是：轻阖双眼，用两大拇指在眼内角向外擦 24 次，或用两手四指并拢，在两目上向外轻轻转摩 24 次，再向内转摩 24 次。

第二周星期日

· · ·

让居室更舒适

　　要想获得良好的休息和睡眠效果，解除一周工作的疲劳，就要有舒适的居室环境。住宅是人们生活环境的重要组成部分，是人们为了充分利用自然环境中的有利因素，防止不良影响而创造的日常生活室内环境。良好的室内环境可提高机体各系统的生理功能，增强抵抗力，降低患病率和死亡率；反之，低劣的室内环境对人形成一种恶性刺激，使健康水平下降。

理想的居室环境

生存就是居住。

——马丁·海德格尔

居室的美化要根据房间的使用性质、空间大小、光照程度、家具陈设以及个人兴趣爱好，因地制宜进行安排。只要布局得当，相互协调，就会给人以美的感受。

古代皇帝的宫殿广厦宽宏，富丽堂皇，可是并不一定适于居住。《吕氏春秋·重已》说："室大则多阴，台高则多阳。多阴则蹶，多阳则痿，此阴阳不适之患也"。也就是说，居室不宜太高大，也不宜太低小，否则阴阳各有偏颇，会导致疾病的发生。现代卫生学的要求，正常居室面积为15平方米左右，净高为2.6～2.8米，炎热地区可稍高，寒冷省份可略低一些。居室的进深与宽度之比，最好是3比2，不宜大于2比1，这样既让人感觉舒适，又便于室内家具的布置。

居室内有着与室外不同的微小气候。居室内的微小气候要能保证机体的温热平衡，不使体温调节功能长期处于紧张状态，保证住在房间里的人有良好的温热感觉，正常地生活和作息。居室内微小气候的标准以冬夏两季为准。夏季室内适宜温度21℃～32℃（最适宜的范围为24℃～26℃），相对湿度为30％～65％；冬季室内温度的适宜范围是16℃～20℃；相对湿度为30％～45％。

室内空气污染也是健康的大敌。除了劣质家具带来的甲醛污染以外，人们的日常活动也会污染室内空气。比如人体皮肤、衣履、被褥及物品，能发散出各种不良气体与碎屑，吸烟时产生的烟气中也含有多种有害物质。人的呼吸过程更可使室内空气中氧含量减少，二氧化碳和水分含量增多。室内空气污染对人体身心健康危害严重，当二氧化碳的含量达 0.07％时，敏感者就会感到不舒服；当二氧化碳含量达 0.1％时，空气中的其他性状开始恶化，出现显著的不良气味，人们会较普通地感到不舒服。空气中有大量微生物和烟尘的污染时，可致呼吸道疾病传播机会增加、甚至引起肺癌。

居室的自然通风可保证房间内的空气清洁，排除室内的湿热秽浊之气，加强蒸发散热，改善人们的工作休息环境。因此，卧室、厨房和厕所应有良好通风条件。居室内的自然通风主要取决于门窗的合理开设和人们的生活习惯。北方冬季为抵御寒风都紧闭门窗，室内污染物负荷较高，应注意每天定期开窗换气，住室内空气经常对流畅通，可减轻污染程度。而且，自然通风比空调机、电风扇效果好，风速柔和，风向较弥漫，人体易于适应。

焚香原本是一项祛秽浊气味，抑制毒害的卫生措施，在我国有悠久历史。香的种类很多，一般采用各种芳香植物或驱蚊药物及香料精制而成，有的还加入各种中药。居室内焚香，可清洁辟秽、杀虫解毒，还可清心怡情。如梅雨季节在室内焚香可驱除霉腐气味、净化空气，学习工作时点燃香薰，则有清心开窍、活跃思维、振奋精神的功效。另外，室内通风不畅，常有碳酸气等怪味时，可在灯泡上滴几滴香水或花露水，遇热后慢慢散发香味，室内就会阵阵清香扑鼻。

除了必需的家具，在居室内布置一些装饰品也是增添生活情趣的有效手段。室内布置要根据人们在室内的活动方式而定。客厅和餐厅的陈设以"动态"为主，书房和卧室以"静态"为主。客厅是待客处，要尽量保持宽敞、空间感强。摆设的花木以艺术观赏为主，选一些枝

叶繁茂的绿色植物，如万年青、君子兰、龟背竹等，可使整个客厅显得雅致大方。书房是读书学习的地方，陈设布置应从有利于学习着眼。如《遵生八笺》说："书斋宜明静，不可太敞。明静可爽心神，宏敞则伤目力"，窗棂四壁可种些碧萝、剑兰，摆放松、竹盆景，在窗下布置鱼缸，体现了静中有动的布局特色。

卧室的陈设应令人宁静舒适。床铺的安置不宜正对卧室门，因房门一开就见到床，私密性不佳；且风从门外直接吹到身上，容易着凉、生病。若窗口开得太低，床头也不宜正对窗口，理由同前。卧室墙上可设置一些软枝低垂的观叶植物，如吊兰，增加静谧感。

在布置室内装饰时，一定要注意构图章法，要考虑装饰品与家具的关系，以及它与空间宽窄的比例关系。如某一部分色彩平淡，可以放一个色彩鲜艳的装饰品；在盆景边放置一小幅字画，景与字相衬，景与画相映，能给室内增添情趣；在空间狭小的室内挂一幅景致比较开阔的风景画，在视觉上能增加室内空间的深度，仿佛把大自然景色一览无余地搬到了室内，使人心旷神怡，身心舒畅。

最后要说的是，室内布置不要迷信"风水"的学说，一切要以舒适、方便、安全为出发点，在其中表现自己的生活习惯和态度。

室内色彩和采光

> 如果能够把花草、树木、流水、光和风根据人们自己的意
> 愿从自然界中提炼出来，那么人间就接近于天堂了。
>
> ——安藤忠雄

　　色彩在室内装饰中十分重要，它是人类视觉中最响亮的语言符号。有的人家尽管装修很豪华，花了很多钱，可总觉得给人视觉上的感受不舒服，很重要的原因之一就是室内装饰色彩不协调。

　　准备装饰布置居室时，对色彩的搭配应以适应居住者的感受为前提，因为我们周围的环境和自然界的色彩是非常丰富多彩的，人们会对各种颜色产生不同的心理生理反应。色彩由于其自身具有的物理性质的关系，即不同色彩有不同波长，因此会直接或间接地影响人的情绪、精神和心理活动。

　　在所有的颜色中，红色最能加速脉搏的跳动，接触红色过多，会感到身心受压，出现焦躁感，长期接触红色还会使人疲劳，甚至出现精疲力竭的感觉。因此没有特殊情况，起居室、卧室不应过多地使用红色。

　　黄色能给人以高贵、娇媚的印象，可刺激精神系统和消化系统，还可使人们感到光明和喜悦，有助于提高逻辑思维的能力。如果大量使用金黄色，容易出现不稳定感，引起行为上的任意性，因此黄色最好与其他颜色搭配用于家居装饰。

　　绿色是森林的主调，富有生机，有助于消化和镇静，促进身体平

143

衡，对好动者和身心受压者极有益，自然的绿色对于克服晕厥疲劳和消极情绪有一定的作用。

蓝色最使人联想到碧蓝的大海，是一种极其冷静的颜色，能缓解紧张情绪，缓解头痛、发烧、失眠等症状，有利于调整体内平衡。但从消极方面看，也容易激起忧郁、贫寒、冷淡等感情。

橙色能产生活力、诱人食欲，有助于钙的吸收。因此，可用于餐厅等场所，但彩度不宜过高，否则，可能使人过于兴奋，出现情绪不良的后果。

紫色对运动神经系统、淋巴系统和心脏系统有抑制作用，可以维持体内的钾平衡，并使人有安全感。

在考虑房间的色彩处理时，一定要熟悉一般的色彩心理效果，同时对色彩的生活效果也应引起注意。人口少而感到寂寞的家庭居室，配色宜选暖色，人口多而觉喧闹的家庭居室宜用冷色。一家之内，在色彩上也有侧重，卧室装饰色调暖些有利于睡眠质量；书房用淡蓝色装饰，使人能够集中精力学习、研究；餐厅里，红棕色的餐桌，有利于增进食欲。对不同的气候条件，运用不同的色彩也可一定程度地改变环境气氛。在严寒的北方，人们希望温暖、室内墙壁、地板、家具、窗帘选用暖色装饰会有温暖的感觉，反之，南方气候炎热潮湿，采用青、绿、蓝色等冷色装饰居室，感觉上会比较凉爽些。

一般来说，家居的色彩搭配必须遵循以下九条原则：

第一条，空间配色不得超过三种（不算白色和黑色）。

第二条，金色、银色可以与任何颜色相陪衬（金色不包括黄色，银色不包括灰白色）。

第三条，家居最佳配色灰度是：墙浅，地中，家具深。

第四条，厨房不要使用黄色系除外的暖色调。

第五条，绝对不要使用深绿色的地砖。

第六条，坚决不要把不同材质但色系相同的材料放在一起。

第七条，想制造明快现代的家居氛围，就不要选用印有大花小花的饰物，尽量使用素色的设计。想看花的话，就摆放一些植物好了。

第八条，天花板的颜色必须浅于墙面或与墙面同色。当墙面的颜色为深色时，天花板必须采用浅色。天花板的色系只能是白色或与墙面同色系。

第九条，空间非封闭贯穿的，必须使用同一配色方案；不同的封闭空间，可以使用不同的配色方案。

除了色彩，采光也是居室视觉环境必须考虑的因素。光和影的变幻，可以使室内充盈艺术韵味和生活情趣，对于家居装饰有润色作用。居室采光宜明暗适中，随时调节。

室内光照包括自然光线和人工照明。为保证室内有适宜光照，一般认为，北方较冷的地区冬季南向居室，每天至少应有 3 小时日照，其他朝向的居室还需多些。夏季则应尽量减少日照，防止室温过高。光线的射入主要是透过阳台和窗口。有人为了追求艺术效果，改镶磨砂玻璃、彩色玻璃或镂花玻璃等，这些都不利于日间采光。

夜间或白天自然光线不足时，要利用人工光线照明。人工照明要保证照度足够、稳定、分布均匀，避免刺眼，光源组成接近日光以及防止过热和空气污染等。一般的居室，多在顶棚中央悬挂一盏吊灯作为整体照明。然而单一的光源又难以满足多种活动内容的需要，所以又多附加局部照明，如台灯、壁灯、落地灯等，变室内单一光源而为多种光源；变平面照明为立体照明，从而满足了人在居室中采光的不同需要。居室的整体照明可使人觉得豁亮宽敞，而局部照明又能给人们在心理上造成"安定感"和"领域感"。比如，书桌上放一盏台灯，

光线集中能排除周围的干扰，使人专注地阅读或写作；沙发旁投来柔和的灯光，可与亲友促膝交谈，共叙友情。其他地方的壁灯、落地灯，均会产生异样的迷离氛围。灯光周围放些盆栽花卉，间隙中造成枝叶光影婆娑，也为室内平添几分大自然气息。

第三周星期一
设定工作目标

　　人的精力是有限的，如果朝三暮四，没有明确的工作目标，就会白白浪费宝贵的时间。所以，在决定投入某项工作之前，先对这项工作做一个全面地了解，明确在什么地方有权使用时间，在什么地方无权滥用，有一个使用时间的标准，才能正确对待时间、把握时间、利用时间，成为高效的职业人。

有效的目标设定原则

> 有人活着却没有目标，他们在世间行走，就如同河中的一棵小草随波逐流。
>
> ——塞涅卡

芬兰有一家索尔清洁公司，这家公司有 2500 名职工，主要业务是清洗清洁和处理垃圾，服务对象有机场、医院、商店、仓库、地铁车站和公司企业、办公机构，在芬兰 21 个城市设有 1000 多个服务点，营业额在全国 800 多家同行公司中排行第二。索尔清洁公司的管理方式很有特点，职工常常一个人在没有任何监督的情况下独立工作，自觉地为客户提供优质服务。这种状态关键在于采取了"成果领导方式"。这种方式是由领班和清洁工根据工作计划自定工作指标，而公司监督指标的完成情况，公司只看成果，不看工时，根据工作成果向职工付酬。如果超额完成指标还可以多拿到 30％左右的弹性工资。这一套成果管理方式赢得了职工的自觉性，赢得了客户的满意，公司的营业额连年上升。

对于有效率的工作来说，确定工作目标是非常重要的。只有先明确目标，接下来才能有比较清晰的思路，知道这步该怎么做，下一步该怎么做，有条不紊地开展工作。哈佛大学曾做过一个非常著名的关于目标对人生所产生影响的跟踪调查，调查对象是一群智力、学历、环境等条件都差不多的大学生，统计结果发现，其中 27％的人没有目标，60％的人目标模糊，10％的人有清晰但比较短期的目标，仅仅

3％的人有清晰且长期的目标，他们知道自己毕业以后想到哪里去工作，干什么，大约能挣多少钱，而且知道计划怎么一步一步地实现。经过25年的跟踪调查，他们的生活状况与他们是否拥有人生目标高度相关：

3％有明确长期目标的人，25年来几乎都不曾更改过自己的人生目标。25年来他们都朝着同一个方向不懈地努力，25年后，他们几乎都成了社会各界的顶尖成功人士，他们中不乏行业领袖和社会精英。

10％有清晰短期目标者，大都生活在社会的中上层。他们的短期目标不断实现，生活状态稳步上升，成为各行各业的不可或缺的专业人士，如医生、律师、工程师或高级主管。

60％的模糊目标者，几乎都生活在社会的中下层，他们能安稳地生活与工作，但都没有什么特别的成就。

剩下27％的是那些25年来都没有目标的人群，他们几乎都生活在社会的最底层。他们的生活都过得很不如意，常常失业，靠社会救济，并且常常都在抱怨他人、抱怨社会、抱怨人生。

许多失败都与目标的不具体有关，只有制定明确的目标，人们的努力才会有方向，目标明确具体，人们的行动才会有较高的效果。就像打篮球，要想投篮必须要知道篮筐的方向。因此，每一个愿望都应该转化成为明确而具体的目标。

1952年7月4日，美国人弗罗伦斯·查德威克计划横渡距离30多千米的卡塔丽娜海峡。当时海面上的雾气非常浓，海水也特别冷，冻得弗罗伦斯身体发麻。她连护送自己的船都看不到，所以就一个人在海中游。15小时55分钟之后，她感到又冷又饿，知道自己不能再游了，请求随行的教练和母亲把她拉上船。他们告诉她，只要再坚持一下就到了。但是，由于她看不到海岸，决定放弃。这时，她离海岸只

有不到 800 米。后来弗罗伦斯总结说，她放弃的原因主要是浓雾，让她看不到海岸。两个月后，她终于成功地游过了这个海峡，而且比男子记录快了大约两个小时。

制定目标可帮助我们获得成功，并且，由于成功是通过我们的努力获得的，它便具有真正的价值和意义。我们会极力保护自己的劳动成果并使其增长，把它建立在更加坚实的基础上。有人可能没有经过制定目标这一程序而取得了某种程度上的成功，但是不制定目标，就不能充分发挥其自身潜能。

成功者奋斗的动力来源于伟大的目标，骄人的成就也归功于对目标孜孜不倦的追求。有个叫约翰·戈达德的美国人，在他 15 岁的时候，就把自己一生要做的事情列了一份清单，称作"生命清单"。在这份排列有序的清单中，他给自己明确了所要攻克的 127 个具体目标。比如，走访马可·波罗的故道，探索尼罗河的源头，攀登世界第一高峰珠穆朗玛峰，读完莎士比亚的著作，写一本书，参观月球，等等。当他把生命中的梦想庄严地写在纸上之后，他开始循序渐进地实践。为了实现这些目标，戈达德历经磨难，曾经 18 次死里逃生。在 44 年后，他以超人的毅力和非凡的勇气，与命运艰苦抗争，终于实现了106 个目标，成为世界上最著名的探险家。确定目标后，或许经过一生的奋斗也未必能够实现，但这并不意味着因此就失去制定目标的价值。正因为有了目标，才使其向前进而不是向后退，保持积极的思想而不是消极的态度，使其走向充实，而不是走向虚无，这就是制定目标的价值。

怎样找准目标呢？如果你希望你的愿望能够实现，那么就将你的愿望拆分成一个个具体的、可行的、可以测量或评估的目标。摆脱所有干扰，找一个安静的地方，认真思考你的目标。拿出纸和笔，像约翰·戈达德那样列出你的清单，不要害怕写出很多乱糟糟的东西，不要把它撕成碎片扔掉。目标可行并不意味着可以降低自己的目标，目标必须超越自己最大的能力，但必须是可信的。如果不可信，我们就不会有完成任务的信心，也就不可能达到我们想达到的境界。超越原先的目标，这样就更能激发出内在的动力。

如何确定目标

> 每走一步都走向一个终于要达到的目标，这并不够，应该每下就是一个目标，每一步都自有价值。
>
> ——约翰·沃尔夫冈·冯·歌德

如何制定一个有效的目标呢？管理学大师彼得·德鲁克提出，一个工作目标的制定必须遵循以下五条原则：

（1）必须是具体的（Specific）；

（2）必须是可以衡量的（Measurable）；

（3）必须是可以达到的（Attainable）；

（4）要与其他目标具有一定的相关性（Relevant）；

（5）必须具有明确的截止期限（Time－bound）。

这就是工作目标制定的"SMART"原则。无论是制定团队的工作目标还是员工的绩效目标都必须符合上述原则，五个原则缺一不可。

首先，目标必须具体、可量化。"可量化"是指目标应当尽量以一种能够用数字加以衡量的方式来表达，而不要用宽泛的、一般的、模糊的或抽象概念表述。比如"我会更加努力地打好篮球比赛"或是

"我的目标是更好地工作"，这些是远远不够的。打好篮球赛确实是一个目标，却十分宽泛、模糊，具体要怎么打好，怎样才算是打好，都无法界定。这样在执行中便没有标准、依据，给自己留下偷懒的后路。因此，每一个目标都需要用一种可以衡量的方式表述，比如"在下个星期二晚上 11 点之前写完 11 页实验报告"等。换句话说，你要有一个可以衡量成功或者失败的标准，以这个标准来准确地评价自己目标的实现完美度。反之，含糊笼统的目标无法成为行动指南，因为不具体、没量化的目标随着时间的推移会使你逐渐淡忘。例如，某公司主管觉得最近接单量不高，而立下决心帮助上司提高公司的业务量。倘若他将目标定为"努力提高本公司营销业务员水平与业务额"，则该目标肯定难以作为行动之指南，因为它没有具体指出到底提高到什么程度，也没有说怎么提高。倘若该目标被定为"将本公司业务额在目前业务额的基础上提高 20％"，则上述之缺点将不复存在。

其次，目标一定要有可行性，就是说制定的目标应该是自己真正想做的事情，而不是别人强加给你的。如果目标由你自己设定，你本身就将成为实现目标的原动力；如果目标由他人设定，你就应该从自己的角度来判断、思考这些目标是否可行，尽量让它们成为你的一部分。当然，在生活和工作中必然会遇到一些无论你喜欢与否都必须去做的事。既然目标不能改变，那就改变我们的态度以及看待目标的角度，通过调节自己的心态让自己更适合目标。

某公司制衣厂车间主管希望这个月员工们都可以尽自己最大的努力将合作方需要的牛仔裤全部生产完，但是一个月过去了，任务仅仅完成了一半。他左思右想，觉得计时制的工资结算方式让所有员工都消极怠工，在工厂里打发消磨时间，是该改变这种工资结算方式的时候了。于是，主管宣布实施计件工资结算方式。结果这个月下旬刚开始，任务就完成了，剩下的时间还能超额完成其他客户的订单。主管更改工资结算方式，采用多劳多得的分配制度，将自己的目标转换成每位员工自身的目标：多做多赚钱，因而大大提高了工作效率。由此可见，当一个目标成为自己的目标的时候，其实现的可能性就会很大。亦即，无论是自己设定的目标还是别人的目标，你的参与度越大，实现的可能性就越大。

同时，目标必须切合实际，即相对于你自己的能力和特点而言，实现这个目标是现实的、可能的。但是，可能实现的目标并不意味目标可轻松达成。事实上，一种无法轻易达成、需要经过一定的努力才可以达成的目标，对实施者才具有真正的挑战性。也就是说，目标在符合客观现实的前提下，本身必须具有相当的难度，以及被达成的可能性。一般来说，目标定得越高，其挑战性越大。但是，当目标高到令人感觉无法达成的时候，或许将永远不会设法去达成它。

目标的相关性是指实现此目标与其他目标的关联情况。如果实现了这个目标，但对其他的目标完全不相关，或者相关度很低，那这个目标即使被达到了，意义也不是很大。因为毕竟工作目标的设定，是要和岗位职责相关联的。比如一位秘书想学习英语，必要时可以担任翻译，这和他的秘书工作直接相关。若你让他去学习会计，就不太合适，因为学习会计这一目标与提高秘书工作水准这一目标相关度很低。

为自己下达一个任务，如果没有一个明确的完成期限，则目标也是没有实际效用的。因为任何一个目标或者决定，如果没有最后期限，就不会使人产生紧迫感。一般情况下人在没有任何压力的环境下是很难高效地完成任务的。没有期限的任务就等同于没有真正的起点和终点，自然而然地，你就会拖延时间，工作效率也会在不知不觉中降低。设定最后期限时，由于有些目标的达成期限很长，为便于采取行动，

我们通常将其分为较易贯彻的若干短程目标。

把想法付诸笔端，白纸黑字地写出来以后，那些目标将变得更清晰、更具体。相反，如果目标仅仅停留在大脑里，而没有以书面形式记录下来，那么它始终都只是一个愿望，或者说是一个空想，毫无生命力可言。所以，每制定一个目标，就将该目标写在纸上，写的同时仔细地策划该怎样去完成，多想几遍，那么在实施过程中就会比较顺利，效率也会提高。

理解自己的工作

如果一个人不知道他想去哪里，想成为什么样的人，想做什么样的事，他就不会成功。

——诺曼·文森特·皮尔

正确、全面理解自己即将着手的工作是高效工作的前提。没有全面理解就急急忙忙开始工作，有时候不仅不能达到工作的目的，甚至还可能南辕北辙，得不偿失。

职场上成功的员工都懂得未雨绸缪的道理：要打"仗"，就要打有准备的"仗"。在从事一份工作或接受一个任务之前，一定要事先将工作的目标、内容和注意事项等搞清楚。只有在对工作有全面了解后，你才知道如何按步骤去完成工作，否则，你忙碌了很久，却突然发现自己所做的事情根本就不是你的工作任务，那就真是"费力不讨好"了。

一家写字楼雇用了一个清洁工清扫窗户玻璃。清洁工来了之后立刻开始着手工作。在忙碌了整整一个上午之后，室内的每一块窗户玻璃都洁净如新。当清洁工满意地收拾东西准备离开时，却被告知是让他清扫窗户外的玻璃，那是需要专业的保洁工人才能完成的，室内的玻璃公司员工自己就可以完成。因此，保洁工不得不再花一个下午去完成本来半天就可以完成的工作，而已经高效、高质量完成的工作却丝毫没有得到雇主的认可。

花上成倍的时间去纠正前面原本花一分钟就可以更正的错误，这也是许多急于工作的人不得不付出的代价，就如上面这位性急的清洁工。实际工作中，很多人也正处于这样的状态，他们工作很积极，任务一下来就立刻开始行动，但是往往不得要领，有的最后还要重来。

为什么积极的工作者却又得不到领导的赏识？不是领导不懂得挑选"千里马"，而是员工自己做了"一匹不识途的马"，结果是员工自身的工作得不到认可，同时也打击了自己工作的积极性。因此，在着手一件工作之前，我们一定要对工作有一个全面清晰的理解，明白任务的要点所在。

只有正确地理解了你的工作，才能制定出具体的工作目标。全面理解自己的工作，需要我们在接手工作任务时反复地向领导确认自己的工作任务、确认需要达到的目标，同时要领悟领导的意图，明白领导的真实意思，等等。除此之外，我们也要考虑工作本身的一些特性，包括工作的背景、内容、限制和方式四个方面。

任何一个人在接到一个工作任务的时候，就应该了解到这份工作在整个公司运作中所处的位置；工作要达到怎样的目的；工作的意义；以前从事过同样工作的人有什么样的经验教训，等等。当然对于简单的工作，并不需要特别的考虑，但对于某些复杂的工作，这方面内容的搜集就显得尤为重要。

工作内容无疑是工作的核心部分，包括这项工作的主要内容、次要内容和附加内容，即完成这项工作应该做的主体部分、次要部分以及一些需要额外考虑的细小工作等。

工作的限制包括参与工作的人员，如本次工作的执行者、合作者、参与者等；还包括完成该项工作的时间。最需要了解的是上司规定完成的时间以及自身制定的时间规划等。规划好自己的工作完成期限既可以满足工作的高效性，同时也可利用各种资源、工具等节省自己的宝贵时间。

工作的方式就是指在了解自己工作的同时，根据不同的工作性质采取不同的完成方式。工作分成"事务型"和"思考型"两类。事务型工作是不需要动脑筋，可以按照熟悉的流程一直做下去，属于不怕干扰和中断的工作，比如制作一份考核表格、整理书架等；思考型工作则要求集中精力，一气呵成，比如策划方案的制作、重要会议的策划等。

在理解工作的过程中，我们可以把手头的工作做个表格分析，这样使我们更清晰地理解工作的内容、完成的时间以及需要注意的事项。

全面理解自己的工作内容是工作高效率的前提；相反，如果对工作内容的理解出现了偏差，就会导致目标落实的偏差。我们每一个人在开始工作之前都要问问自己：我需要做的是什么，我需要达到的目标是什么，等等，只有这样才能保证自己在工作中做最正确的事，最正确地做事。

第三周星期二
快速做出正确决策

　　决策，是指人们就面临的问题，为实现一定的目标所作的行为设计和抉择过程。美国总统杰拉德·福特说："不做决策常比错误的行动更糟。"因为没有决策就没有行动，就等于白白地浪费时间。所以，如何快速有效地做出科学决策，是提高工作效率的重要课题。

提高决策的效率

一个有效率的经理人不会多做决策。

——彼得·德鲁克

决策方法分为"软""硬"两种。

"硬"决策是指定量决策方法，常用于数量化决策，应用数学模型和公式来解决一些决策问题，即是运用数学工具、建立反映各种因素及其关系的数学模型，并通过对这种数学模型的计算和求解，选择出最佳的决策方案。对决策问题进行定量分析，可以提高常规决策的时效性和决策的准确性。运用定量决策方法进行决策也是决策方法科学化的重要标志。

"软"决策是指定性决策法，又称主观决策法，即在决策中主要依靠决策者或有关专家的智慧来进行决策的方法。定性决策法适用于受社会、经济、政治等非计量因素影响较大、所含因素错综复杂、涉及社会心理因素较多以及难以用准确数量表示的综合性问题，缺点是决策节奏缓慢，可靠性较低，但它弥补了"硬"决策方法对于人为因素、社会因素难以奏效的缺陷。两种决策方法相互配合，取长补短，才能使决策更为有效。

要提高决策效率，必须注意针对问题找原因。任何决策都不可能凭空产生，都要有一定的依据，这个依据就是问题本身，是要发现问题、调查问题、解决问题，为做出决策找到可靠依据。

在工作中，决策的重要性是大家公认的，但是人们却把很多注意力都集中在解决问题上，主要精力都集中在找答案上。其实，这种做法是错误的。决策时最常见的毛病就是只强调寻找正确答案，而忽视了要寻找真正的问题所在。如果敌人在哪里都不知道，再精准的枪法也无用武之地。只强调解决问题，决策者往往会感到压力，在压力之下，决策是会变形的。弄清问题是解决问题的前提，虽然会花费不少时间和精力，但对做出正确决策是必不可少的。

其次，决策应当一针见血，切中要害。

某企业是一家颇有规模的厨房用具制造商，始终把主要的精力都放在了降低生产成本上，结果成本的确降下来了，但是利润却没有提高。对关键因素进行分析表明，真正的问题出在产品组合上。公司的销售人员只管大力推销那些最好销的产品，将重点放在最能吸引顾客的低价产品上。结果是，公司销售越来越多的微利产品，而其他竞争对手们根本不将工夫花在这种产品上面。随着生产成本的降低，产品的售价也降低了。销售量虽然增加了，但这种方式是增产不是增值。公司已越来越经受不起市场的波动了。只有弄清问题主要出在产品的组合上，公司才有可能解决这一问题。这也就是说，只有当提出"造成这种状况的关键问题是什么"这个问题时，才有可能将问题解决。

用直接分析问题的方式来找出关键问题，通常可以设想：如果不发生任何改变或变动，那么情况将会怎么样？或者把问题倒过来看，可以这样问：当问题首次出现时，如果我们做了点什么，或者什么也不做，那么将会对当前的情况产生哪些重大影响？

做决策是要下大力气，但不能把力气用在无关痛痒的地方，那是白费力气，所以做决策时，必须弄明白决策所要解决的问题是不是真正的问题。

工作中有些事情不得不妥协。所设定的短期具体目标，可能必须重新检讨、安排或更改，许多可能的行动，都必须予以考虑。然而，形成这项难题的原因，却是大家早就清楚明白的。决策所需要的，是回答诸如"如何""怎么样"以及"目的为何"等疑问，而问题本身是需要你能回答"为什么"。如果你面临的问题需要你回答"为什么"，

那么便可以确定，这是一个真正的问题。然后，你便可以开始决策，找到解决问题的办法了。抓住了真正的问题，就有助于决策。

决策就是处理旧问题，提出新问题的过程。因此，弄清楚问题，然后找到解决问题的方法，就已经是一大收获了。工作者必须牢记，问题分析并不是万灵丹，而是要给问题开处方。给问题开处方要做到以下几点：

（1）善于从不同的复杂现象中找出规律性的东西。

（2）找到一个问题，就要找出根源。

（3）不要对问题粗心大意，特别要找出他的不良影响和后果。

（4）不要认为问题过多就是坏事，反之，越能为正确决策找到"入口"。

任何决策都是以解决问题为本的，假如决策和问题脱节，或者说两者之间没有太大的联系，那么决策就会失去战略意义；同样，一个企业出了问题，证明以前的决策存在缺陷，或者说由于错误的决策引发出了困难。因此，新的决策不能太匆忙，必须对旧问题进行先看后摸再分析，找到一条理想的决策路线，最大可能地解决问题。

怎样做出科学的决策

> 决策的艺术在于：对现在不适当的问题不做决策，时机不成熟时不做决策，对不能有效实行的事不做决策，对应该由别人来决定的事不做决策。
>
> ——切斯特·巴纳德

决策过程是一个复杂的逻辑过程，它是根据决策的规律性来制定的。只有理解了决策的全过程，弄清楚每个程序各自的具体分工及其相互之间的有机联系，才能保证决策的准确性和有效性。

发现问题是决策的起点，没有问题就不需要决策。正确决策就是认识到决策对象的矛盾，而采取正确的解决办法。因此，所有决策的步骤都是从发现问题开始的。作为工作者，要发现问题，不能消极等待，而要经常深入基层进行调查研究、分析情况、找出矛盾、发现问题进行决策。

提出了问题之后就要确定目标。决策要以实现目标为归宿，所以目标的确定是决策的首要问题。一个科学的决策目标，应该符合以下要求：第一，目标要明确而具体，含义必须是单一的，并且尽可能数量化；第二，目标要区分主次，有的目标是必须达到的，有的则是希望完成的，这样可使实现目标的严肃性与灵活性更好地结合起来；第三，要规定实现目标的约束条件，如人力、物力和财力的消耗限量，以及实现目标的期限等。

所有决策都要有两个或两个以上的备选方案，无方案谈不上决策，只有一个方案无从抉择也称不上决策。接下来，工作者要做的就是拟订方案。科学决策的实质就是在若干个有价值的方案中进行选择，以期优化地实现目标。因此，所拟各种方案的质量如何，在很大程度上影响最后决策的效果。为了使决策科学、可靠，在拟定备选方案时，主要应掌握如下三个原则，即目的性、可行性和多样性。所谓目的性，是指备选方案要符合决策目标的要求，而且要对达到目标的各种条件进行客观的分析，对实现目标的耗费、速度和效益要有明晰的计算，对实施方案的方针、政策、手段、方法和措施要有具体的规定。所谓可行性，是指各个备选方案都应建立在切实可行的基础之上。必须从实际出发，量力而行，既要积极先进，又要稳妥可行。所谓多样性，即从多种途径和角度准备可供选择的方案，而且各个方案都要各有特

点，相互之间要有原则性差别，而不能雷同或大同小异。否则就失去了备选的意义。

方案选优是整个决策过程中的关键一步，各种方案制定出来之后，要对方案进行论证和评估，陈述各自的利弊得失。工作者在此基础上对各个方案进行比较和权衡，最后做出选择。这一过程叫做决策行动。决策行动并不是瞬间决定，而是一个极其复杂的过程。因为，各种方案经过评价后，往往各有所长，也各有所短，要使某一方案的各项指标都十分理想，几乎是不可能的。所以在优选过程中常常需要对方案进行修改和补充，或者综合各有关方案的优点形成新的方案。即使如此，作为最后选定的方案，也不可能使所有指标都达到最佳效果。只能是对主要指标有利，而对其他指标尽量兼顾。于是就需要在决断之前反复推敲，权衡利弊。

实施方案是决策程序中的最后阶段。方案选定后，要在这一阶段进行检验，得以实际执行，并在实施过程中得到修正和完善。为了检验方案的正确性和取得实施方案的经验，在普遍实施之前，可以进行小规模的试验，以便补充和完善所选定的方案，这是使决策得到最佳效果的重要环节。进行小规模的试验，要注意选取具有典型性的试验点，而且要严格按照决策的方案实施，不能为试验点提供特殊条件，否则就失去了试验的意义。经过试点，如果成功就可以普遍实施。如果还有问题，必须及时反馈。

以上是科学决策的基本程序，其中每一个基本步骤都是完整的决策过程所必不可少的。但程序中的各项具体工作并非全由工作者亲自去做，可以授权给其他人去完成。

科学决策不仅必须按照一定的程序进行，而且应该遵循一些基本的原则。

　　首先是从实际出发、实事求是的原则。这是一切工作的总的指导原则，科学决策同样应当严格地遵循这一原则。

　　其次，信息是决策的基础。只有掌握大量准确、完整、及时的信息，才能作出科学的决策；反之，只靠"一知半解"或"道听途说"是绝对作不出科学决策的。

　　决策是系统工程。决策者面临的决策对象都是多因素、多层次、结构复杂、动态多变的系统。因此，在决策时，必须考虑决策所涉及的整个大系统、子系统及其相关系统，以及决策对象、外界环境的相互关系。坚持系统性，才可能实现决策的整体化和最优化。

　　在决策实施过程中要随时进行检查、验证和反馈，一旦发现决策与客观情况不相适应的地方，就必须及时进行必要的调整或修正，以保证决策更加合理和科学，避免失误和损失。这就是决策的反馈原则。

　　最后，现代化的科学的决策必须遵循集体决策原则。这是决策成功的必要保证，也是决策现代化的标准之一。集体决策，不单纯是集体讨论，也不是少数服从多数的简单表决，而是由相关工作者和专家学者组成智囊团，经过科学方法的调查、研究、对比、分析后提出可行方案，从而保证决策的正确性。

　　决策不仅决定着管理活动的目标，而且决定着实现目标相应的计划、组织和方法。如果决策错误，那么计划越周详，组织越严密，方法和措施越有力，危害就越大。所以说，决策的失误是最大的失误，决策造成的损失是最大的损失，特别是有关全局性的战略决策，甚至会影响到国家和民族的兴衰。因此，工作者必须十分重视决策的科学化，并在实践中努力提高自己的科学决策水平。

高效会议的技巧

讨论使人机智。

——弗朗西斯·培根

要进行有效的决策，开会讨论是必不可少的活动。据统计，普通工作者的时间一般有 30％左右，有的甚至高达 80％是在会议上消耗掉的。会议是许多工作者损失时间，导致工作效率低下的重要原因。只要把出席会议的时间集中起来计算一下，就可以清楚地看出，自己因会议而损失了多少时间。

为提高会议质量，避免造成时间的浪费，就要求会议组织者、会议主持者及参加会议者认真研究会议，驾驭好会议。

首先，会议的组织者必须明确应该在什么情况下开会，不能让无谓的会议浪费大家的时间。一般而言，工作组织中出现以下情况，就可以适当安排会议解决：

（1）必须实行新的方法，改变旧的方法时；

（2）产生会使目前正在从事的工作发生重大变革的问题时；

（3）必须要具备不同知识和经验的人进行讨论才能得出结论时；

（4）为了处理问题，按正规的管理规则的步骤一步一步地做，时间上来不及时；

（5）会议上的讨论对于参加者来说有重要价值时。

然后，要考虑应该让哪些人出席会议。会议的组织者要问自己：这个人具有有关会议将要讨论的问题方面的专业知识吗？这个人与会议将要做出的决定有关吗？这个人以前有过这方面的经验吗？这个人将会执行会议的决定吗？如果这四个问题的答案都是"否"，那么这个人就没有必要参加会议，还不如去做更有意义的工作。而且也不要因为某个人与会议议题有一点点相关，就找他来开会。只要会后把结果告诉相关的单位或这个人就好了。

正确合理的议程是会议效率的前提。预先将议程公布出来。最好在开会前两三天完成，好让人们有时间去准备相关的资料。如果在会议中要谈好多个主题，就应该先将议程表预先分送给出席人员，或在他们到达会场时分发给他们。使他们明白会议需要的进度。如果每位出席人员都知道会议的结束时间，而且晓得还有一些题目没有讨论，大家便会自觉地缩短对一个题目的讨论时间，从而为后面的题目留下时间。将讨论事项按其重要程度先后排列。讨论下一个问题之前，必须先将前项问题解决，绝不能议而不决。同时还要一面主持会议，一面检查议论事项，看看有没有结论。会前指定人来回答问题，会中所得到的答复就会非常得体，绝不会因答非所问而白白浪费时间。对于那些较花时间，而且比较需要大家来讨论的题目，主持人一般要先把主题及附带问题做一番简要的说明，以免花许多时间来反反复复解说。为了避免讨论离题，应严格遵照时间表来进行。要记住这样一条规律："对所有问题绝不能一视同仁，否则时间的分配与问题的重要性，就会成为反比的关系。"

即使会议的议题、参与者和议程都足够精简、科学，我们也还是有一些技巧可以缩短会议的时间，提高会议效率。

首先，最佳的会议时间是每天工作结束前。会议本来就是一种低效率的工作，所以，千万不要将高效率时段用来做低效率结果的事，那会造成极大的浪费。一般人都想早点完成工作回家，所以这时在会上就不多讲废话，而且会主动把注意力集中在问题的症结上。往往上午要 3 个小时才能开会解决的问题，拿到下班前来讨论，只需 1 个小时就可以解决了。不过每周一的下午及周五的下午是工作者的"黑暗期"，不适合开会或做任何决定，以避免"议而不决、决而不行"的浪费。会议的具体时间不要安排在整点。时间有递延效果，例如，早上 9 点开会开到 12 点，10 点开也会开到 12 点，11 点仍会到 12 点结束。因此，我们若能在 9 点 45 分开到 11 点，或在下午 3 点半到 4 点半，那么会前、会后就有更多时间进行准备和沟通。

把会议时间限定在 1 小时之内。在规定时间内，如果讨论不完某一个问题，或没有达到做出决议的地步，这就说明这个问题不适合放到本次会议来解决，最好进一步进行个别交谈，在此基础上再处理。有关的调查结果显示，大部分的会议都不应该拖到一个半小时以上。如果超过一个半小时，疲劳和无聊的感受就会越来越厉害，与会者对会议的关心会越来越淡薄。

参与会议的人会有个习惯，如果每周三开会，则待议的事都会到周二才进行协调或准备。会议如果每周一次，可以规定每周二或四下午。"或"这个规定有弹性，就由"例行性"变成"经常性"，就更符合时间控制的要求。

会议室不可太过舒适，尤其不可有茶点和带扶手的沙发，安逸的环境会延缓会议的进行。"站着开会"是个有效减少会议时间的小窍门。站着开会既不需要准备会场，而且能够迅速、有效地取得成果，讨论时也会减少那种空洞无物的长篇大论。

第三周星期三

——— · · · ———

制定高效工作计划

在具体的工作中，如果能够有一个良好的工作计划和工作方法，就能大大地提高工作效率。要养成做计划的习惯其实很简单，只要每天早起一会儿，利用刮胡子或穿衣的时间，从容不迫地想想当天的行动计划，这样可使你一进办公室就马上进入状态。每天早晨做做这种"计划"，每星期就可以多出 5 到 10 小时的工作时间。

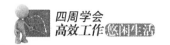
制订计划的益处

计划的制订比计划本身更为重要。

——戴尔·麦康基

工作者要为自己的每一项任务都订个计划，最好是书面形式。首先将可实现的目标的两三项主要工作安排好，可以专为它们安排"大块"的时间。要按优先次序安排工作、分配时间，不要按照碰巧落到身上的事务去分配时间。记住，先用一定的时间为一项工作做事先计划，而且除非有重大变故，否则不要轻易打乱自己计划的时间表。

计划有长短期之分。对于工作效率而言，短期计划是需要重视的。

短期计划一般指从现在起的半年时间内的计划。制定短期计划，首先将需要在短时间内完成的工作确定下来，然后把所有工作都排列起来，重要的排在前面，次要的排在后面，最后把各项工作安排到每日的日程表中去。

一幅大的日历可以使日程安排栩栩如生，挂在你的眼前。如果你的大部分工作是在办公室里完成的，而不需外出访问客户或顾客，日历是你最佳的选择。有些时候你需要匆匆记下约会时间，但手头没有日历，你可以将其记在袖珍笔记本或者一张纸上，然后在空闲时间里将它写到日历上。如果你大部分时间是在路上或者客户的办公室里，那么一个精美的日历本是很有必要的。

尽管任何一种日历都可以用来记录每日工作及约会，但是月历对工作者来说应当是最有帮助的。因为它可以为你提供一次对近期工作的展望，有利于你掌握工作的进展情况。你还可以很精确地看到你正在干哪件事，可以在一段合理的时间内扩大工作量，也可以避免工作量过大。选择哪种日历并不是最主要的，重要的是要经常翻翻日历，特别是在周末晚上回顾一下一周内所做的事情，然后看看下周的日程安排。翻阅日历的时间，也是你回头看看自己目标、检查一下自己是否走了弯路的最佳时刻。

每天晚上或早晨做一个简单的回顾也是很有必要的。在笔记本上写下你已完成的事情，以及第二天要做的事情。查看一下你每周或每月日历以及每天的日程事务安排表，看看日程表中的事情是否已经完成。如果完成得好，可以给自己一点奖励。如果没有完成，那么就要想办法尽快补偿回来。假若能在每天再抽出十来分钟时间安静地独处一会儿，把自己的工作时间计划快速检视一下，看看需要做些什么补充，那这十几分钟时间所起的作用将会对你更好更快地完成工作起到极大作用。

中期计划是半年到一年时间内的计划。无论是在你的生活中还是在你的工作中，中期计划无疑都起着很重要的作用。中期计划的时间和内容总是在变化的，对于普通工作者，中期计划可能限定在三四个月的时间之内，对于大型企业的管理者，也可能是一两年的时间。但它总是长期计划的一个组成部分。

要制定一个合适的中期计划就要将眼光放远一点，构想一下自己或公司在两年内可能发生的变化，根据预定的目标，逐项进行安排。比如，你计划在两年内将公司的利润提高到现在的两倍。那么根据这一目标，将目标细化为各项小的目标。而又将每一个小的目标结合到具体的日程安排中去。使中期目标具体到多个短期目标，完成一个短期目标，也就是向中期目标迈进了一步。

中期计划是由相对较长的日常工作组成的，比较机械化，没什么灵活性，提不起人们的精神来，所以常常被忽视。事实上，它们是非常需要花大量时间去考虑的。因而，在下次计划前，一定要找出既定的和重复出现的活动，把它们一一列举出来，摆在目的、目标和任务的面前对照一下，看看它们到底有多重要。使用这种方法可以轻而易举发现那些花费时间不当的日常行为，以便你及时调整自己的工作节律。

长期计划一般是指一年以上的计划。长期计划的时间跨度更大，它是工作者的一个远期目标，完成了这个计划也就完成了工作的目标，实现了工作的梦想。所以，完成计划所需的时间越长，那么目标相应也就越大。

许多成功的时间管理者在计划开始时，都是因为怀有美好的、激动人心的目标才开始他们的工作的。例如，美国通用汽车公司在最初成立时只有 2000 美元的注册资金。公司的创始人比利·杜兰特在创业之初就给自己确立了一个目标，那就是要成为汽车工业的领头羊，独立成立若干汽车企业，再用联合的方式控制整个汽车工业。经过几十年的努力，杜兰特终于实现了这一梦想。

长期计划的制定是以短期计划和中期计划为基础，合理安排好时间，分期完成计划。同时，用短期计划带动中期计划，中期计划又带动长期计划。长期计划的完成、目标的实现，是激动人心的。但是，这一切都需要工作者长期付出不懈的努力，任何中途退缩都不可能有长期计划的完成和梦想的实现。

做好计划，要记住 6 个 "P"，即 "Proper Prior Preparation Prevents Poor Performance"，含义是 "事前的适当准备，能够避免不良表现"。在计划表中记录下你能想到的每一件事情，一旦闪现一个念头，或者是要面对的每一项任务或责任，就将它们记录下来。然后就可以分门别类地进行月计划、周计划甚至日计划的制作。将月计划表和周计划表中的一些项目移到日计划表上，作为自己每天应该做的特定工作，并制定出目标计划工作单。在每天的工作过程中，随时注意将已经完成的任务从清单上划掉。这样你每天都能清晰地看到自己取得的成就，从而产生成功的喜悦和继续前进的动力。清单上一项项已经完成的任务能激励你不断地继续执行，从而朝着整体目标一步一步前进。

制订详细的行动方案

> 虽然计划不能完全准确地预测将来，但如果没有计划，组织的工作往往陷入盲目，或者碰运气。
>
> ——哈罗德·孔茨

计划就是预先决定做什么、怎么做、何时做和谁去做。计划是在我们现在所处的地方和我们想要去的地方之间铺路搭桥，它使那些本来不会发生的事情成为可能。尽管人们很少能准确地预测将来，在控制之外的各种因素也可能干扰拟定得很好的计划，但是如果不去做计划，许多事情就只能放任自流了。计划是一种需要运用智力的过程，它要求有意识地确定行动方针和根据目标、知识和反复考虑来做出决策。

工作目标制定后，在具体实施之前，要采用"5W1H"分析法对其进行具体分析。"5W1H"分析法是一种思考方法，它可以用来对选定的项目、工序或操作进行分析，即用 Who（谁）、When（什么时

候）、Where（在哪里）、What（什么事情）、Why（为什么）和 How（如何发生），了解分析问题的来龙去脉以及实现目标的各种问题。这种方法看似枯燥、烦琐，但却能深入地分析和理解工作目标。下面我们就来逐一阐释六个分析要素的内容。

（1）What（对象是什么）

对象有很多种，可包括是什么发现？是什么产品？是什么技术？是什么材料？是什么工艺？新技术的关键是什么？需要克服的原理问题是什么？

（2）Why（为什么）

无论要做什么，首先请你列出要达成这个目标的充分理由，这些理由要能完全说服你自己竭尽全力完成任务。问自己："我为什么要这么做？"这样至少可以使你确定这是你的目标而不是别人的，同时也会增强你达到目标的欲望。

你有越多做事的理由，你达到目标的欲望就会越强，就越能够达成这个目标。因此，尽可能多地将这些理由一一列出，这将成为你实现目标的动力源泉。

建议你明确地、扼要地、肯定地写下你实现它们的真正理由，告诉你自己能实现目标的把握和它们对你的重要性。如果你做事之前就找出充分的做它的理由，那你就无所不能，因为追求目标的动机比目标本身更能激励我们。

（3）Where（什么地点）

可包括何地研究？何地试验？何地生产？何地安装？何部门采用？何地有资源？等等。

（4）Who（何人来做）

在评判一个人是否胜任这项工作时，通常要将评判对象分为三类：

非常合适，有些牵强，或者不合适。如果一个人非常胜任该项工作，就只需对他的工作进度进行监督即可。如果他的工作还算勉强令人满意，这就意味着对其施加一定压力，并给予一定帮助，他也可以完成任务。但如果他显然不能胜任时，就一定要换人去做。

（5）When（何时做）

具体指每一项工作执行的日期，例如具体到某日、某周，是否有固定规律。

（6）How（如何做）

在执行的过程中，首先要制订一个计划，并且不断更新这个计划，更要坚定地按照计划开展工作。

具体工作中，有许多问题的答案是显而易见的。比如，上司要你火速把一个文件送到活动现场，那么这个时候 What、When、Why、Where、Who 这 5 个要素都不用考虑了，你需要考虑的就只有 How。如何执行？如何快速送到现场？使用何种交通工具，既能节省开支又能准时送到而不延误？这种情况下，5W 都是明了的事实，无须过多考虑。

从本质上看，制定任何一个完整的计划都要遵循某些必要的步骤。首先是估量机会、确定目标。对机会进行估量是在实际的计划开始之前就着手进行的，严格说来它不是计划过程的一个组成部分，但它却是计划的真正起点。

制订计划的第二个步骤是确定一些关键性的计划前提。这些前提条件包括说明事实性质的预测资料和适用的基本政策与现行的公司计划。计划的前提条件就是假设，换句话说，就是计划实施中的预期环境。从确定前提条件这个步骤中会引申出制订计划的一个重要的原理：工作者对计划前提条件了解得越透彻，并能始终如一地运用它，那么

工作计划也将做得更加协调。

　　计划的第三步是要寻找并检查可供选择的行动的计划方案，对于那些不是很容易就能看清的行动方案更要给予特别的注意。不存在合理的抉择方案的计划几乎是没有的。有时，一个并不太显眼的方案，其结果证明却是最好的。较为常见的问题不是发现抉择方案，而是要减少抉择方案的数量，以方便我们对一些最有希望的方案进行分析。

　　在找出可供抉择的方案和考察了它们各自的优缺点之后，计划的第四步就是根据计划前提和目标通过考察各种因素对方案进行评价。在大多数情况下，可供选择的方案的数量很多，而且有关的变量和限定条件也极多，所以评价工作也可能异乎寻常地困难。

　　计划的第五步是选择行动方案，这是确定哪一个计划被采用的关键一步，也是做出决策的实质性的一步。有时，对可供选择方案的分析和评价可能会产生两个或更多的方案都是可取的情况，就可以决定同时采取几个行动方案，而不只是一个行动方案。

　　在做出决策之后，计划工作并没有结束，还要采取第六个步骤，那就是为了支持基本计划，还需要有各种不同的派生计划。

　　短期工作计划一般比较简单，某些步骤也易于实现，但在实际工作中制订计划所应用的步骤是通用的。有效率意识的工作者不会用价值 100 元的时间耗费去做效果只有 5 元钱的决定，但人们可以用仅值 5 元钱的时间耗费做出其经济效果可达数百万元的计划决策。这就是计划的力量。

让计划富有成效

> 奋斗只是一种行动的昭示，而实际的行动却应该有详细的
> 计划。
>
> ——戴尔·卡耐基

没有人会否认良好的计划对于工作效率所具有的重要性，但它可能仍然是工作中做得最差的一个方面，是导致许多任务失败的原因。

人们在工作计划中为什么会失误，其中一个明显的原因就是，工作计划要求现在为不确定的将来做出承诺，而事实并不总是与人们的期望一致。此外，还有许多其他原因。现将工作计划无效的最重要原因大致归纳如下：

虽然工作者普遍都认识到了工作计划的重要性，但是更常见的情况是人们对工作计划没有真正承担起责任来。人有一种自然的倾向，就是让今天存在的问题排挤为明天而进行的工作计划。也有很多人宁愿去"救火"、"应急"，也不愿去做计划，因为这些活动看起来似乎更重要一些，也更能引起人们的注意，而且不经思考而做出火速的决策也似乎更富有趣味性。

其次，人们还会混淆计划研究工作和工作计划本身。如果计划不包括某种决策，那么就称不上是计划。然而，许多人把计划研究工作与工作计划混为一谈，把他们所做的计划研究工作看作就是工作计划。

计划目标必须根据工作者自身的长处和弱点以及将会影响目标实现的许多内外部环境因素来确定。如果计划目标不明确（人们能够理

解这些目标）、不能达到（能够实现它们吗）、不能付诸实施（能否可以采取行动实现它）、或不能考核（我们能否知道是不是实现了这些目标），那么，工作计划就不可能是有效的。

制订短期计划时不顾长期计划，这是一个严重的错误。把两者结合起来的重要性，无论怎样强调也不过分。如果短期计划无助于实现相关的长期计划，就不应该制订短期计划。许多计划工作的损失都是由于一些决策只考虑当时的情况而没有考虑到对更长远目标的影响。有时，这些短期的决策不仅无助于实现长远计划，而且事实上却阻碍着长期计划的实现，或者要求改变长远计划。

计划的安排要适度。在预定的时间段里你可能有好几件事情需要做，但在特定连续的一段时间里，你必须专心致力于其中最重要的那件事情上。不要什么都想一次做完，只做那些你必须完成的事情。

你应该经常对你要实施的方案的回报价值加以考虑。如果完成了一个方案却不能让你在工作上有所收获，那么就没有必要去做它，除非是非尽不可的职责。换句话说，如果你正在进行一项显然没有什么意义的事情，那就立刻停下来以减少损失。为那些没有价值的方案疲于奔命，只能说明方案执行者是不懂得时间价值的人。

工作者想通过制订计划，把自己的时间安排得更好，下面这6点要诀会有很大帮助：

（1）计划要详尽而且实际。制订计划切记不要超过你实际能力的范围，而且内容一定要详尽具体。

（2）确定开始和完成的期限。让别人知道你正处于时间限制的压力之下，好让他们无法再来打扰，分你的心，保证自己能在规定的期限内实现方案上的目标。做事没有步骤，想到哪儿做到哪儿，过一天算一天，这样只能虚度时光，再好的计划也绝不会有所成就。如果你想完成一项任务，就应该给自己定下期限，并且立即就开始行动，脚踏实地地迈向你的目标。

（3）每天都计划做些事，让自己逐步接近目标，至少提前一个星期把该计划的事都计划好。

（4）尽量利用最有效率的时刻。做计划时，应该把你一天中头脑最清醒、精力最充沛的时间安排来做最重要的事情，使优先顺序上列在最前面的事情始终成为你计划的核心。

（5）为那些需要创意和较长时间的事情留出整块时间。如果你不预先计划出这一段时间，你就难免要挤一些零碎的时间来处理这些重要的事情。结果可想而知，由于时间限制，你不得不做做停停，无法按时把这些事做完，甚至于根本无法完成。

（6）负责任地制订计划，承担计划带来的责任。不要为自己的问题去埋怨别人，而是应该去计划如何解决这些问题，并且防止它们再度发生。只有你才能有效地管理好你自己的时间，并把它们用在最有意义的事情上。如果你从来就没有过属于自己的时间，那么就停下来而且不要再去埋怨或责怪外部因素，因为问题就出在自己身上。

对工作效率的追求要求工作者一定要注意任务的完成度，所以应该先完成你已经开始着手做的事情，而不要先去做你难以完成的事情，遵循这个原则去处理你的方案，就能避免因为日积月累所造成的"未结束方案"带来的痛苦。如果你坚决不去着手做那些你明明白白知道不会有结果的事，你就不会掉进困境中。你要舍弃的不仅仅是"未结束方案"带来的累赘，更重要的是了结因为这些事总是没有结果而造成的心理愧疚感。

第三周星期四
工作系统化

　　系统化，是指采用一定的方式，对已经制定颁布的规范性文件或者工作流程进行归类、整理或加工，使其集中起来作有系统的排列，以便于使用的活动。工作越有系统，你的工作效率就会愈高。当今世界，头脑不清楚、办事无方法的人是没有立足之地的，因此，我们必须要做到工作系统化。

让工作更加系统化

秩序就是正确的规律和事物永久的合理性。

——亨利·菲尔丁

在一些规模较小或管理制度不规范的公司中，经常可见高级职员在做着诸如打印文件、拆阅信件等种种一般职员也能做的事务。全体职员都做着种种错误、不经济或不适当的工作。这就是工作缺乏系统。

工作缺乏系统化，处理工作的时候就会经常出现方法失误的情况，造成"过之"或"不及"。工作没有系统化的员工常常对时间的管理不到位，对上司、同事以及下属能力的了解不深入，不懂得发挥自己的优势，有时甚至还会做出前后矛盾的事情来。

工作的不系统使得员工的办事效率低下，大量时间和精力在无形中浪费了，业务毫无效率和起色。对这样的状况，他们也不能有效整理与改进，一切放任自流直至陷入混乱。

某个公司市场的部门主管就是工作不系统的受害者。他总是忙得喘不过气来，办公室如一间杂货铺，在堆积凌乱的文件中翻找东西是常事。他似乎没时间也不懂如何将手头的东西安置好。他缺乏系统思维，事务处理一团糟。

市场部门的业务量很大，开支也很大，但他并不了解人工经济原理，他想雇更多的人去市场上跑，以解决收支不平衡的问题。但工作没有系统和纲领，业务员都各行其是，甚至完成一件事后都不知接下来该干什么。如果业务员向他请示，他只会催他们尽力去干，也不能发出固定、具体的命令。一切尽在混乱中。

和他工作性质相同的另一家公司主管则平静、从容，不管业务如何繁重，从不见他陷入忙碌不堪之中。他每晚清理写字桌，及时回复重要信件和填发订货单，工作中的一切都有条不紊，大家忙而不乱，各司其职，事务进展得顺畅而有序。属下在他系统化地指导下高效地开展工作，甚至连实习生也能清楚地知道自己是大系统中的一部分。因此，他的业务比大多数企业做得都好。

从这个案例可以看出，成功或者失败，高效或者无效，有时并不在于个人能力，而是在于是否将工作系统化、规范化。

曾有人将"缺乏系统"作为许多公司失败的一大原因。工作没有系统又想做大规模的人，会苦于人手不足。他们以为，只要雇用的员工多，事情就可以办好。而实际上，他们缺少的并不是更多的人，而是更有效的工作系统。拥有精细的计划，简单而有效的系统，普通人才也能创造优良的成绩。

对于大多数办公室工作而言，文件的系统化是最让人头疼的问题。实际上，这个问题在学校里甚至有专门的课程来教授。

要做到文件的系统化管理，首先应该建立工作档案，将目前进行的专案和固定工作整理分类，可分为立即可用的资料、待议项目、固定职务、目前的专案和问题档案等。根据使用频率整理文件，将常用的东西放在手边，随手可取。将所有不用的文件移走，不要让它们占据你的工作档案夹。确认你为每一专案和活动都建立了档案，将每个档案贴上标签。将问题档案的一部分编号为 1 至 12，代表每年的每个月；另一部分编号为 1 至 31，代表每月的每天。

然后再列出资料档案的项目清单，着手建立资料档案。建立资料档案时，你需要考虑怎样的资料才有保存价值，怎样的资料档案方便

查阅。考虑清楚后，要将资料档案结构化，包括列出工作的主要内容，合约、产品开发、预算等作为资料档案的类别。档案夹应根据所确定的类别粘贴清楚且适当的标签，查看现存的档案并清理掉没用的档案，一个抽屉存放一个或多个类别的档案，将档案按字母顺序排列，用大而清楚的文字标示档案抽屉和档案夹，以方便查阅与归档。

为了让你的档案更加有效，要使用大而清楚的字母标示档案，也可以使用彩色标志，使你一眼就能找到某一类型文件的位置。将类别与次类别标签排成一列，类别与次类别用不同颜色标示，更要为大型的资料建立索引。

另外，在工作完成之后进行系统化的总结，可以让自己不断地进步。例如，每个公司生产的新产品都会有说明书，一旦自己的产品销量大增时，说明书也变得越来越厚。这是因为市场人员在了解客户的使用情况之后会不断地发现各种各样的问题，当技术人员在解决这些问题之后，又将总结出来的经验和教训都放入说明书当中。微软公司出品的软件的说明书就是一个很好的例子。

工作中每一个细节其实都需要系统地记录和总结。因此，我们要学会把做过的每一件事情都系统化，并加以坚持，最终演变为自己的习惯。

抛弃"爱因斯坦情结"

每件东西都有自己的位置，每件东西都应在自己的位置上。
——塞缪尔·斯迈尔斯

混乱指的是每天你一到办公室时见到的杂乱：你的外套披在办公椅的椅背上，有半打报告放在你档案柜的角落里，一些你还没有时间看的杂志就埋在昨天的午餐盒下，来往的信件堆满了办公桌，有你未写完的信件，还有你本来准备周末带回家看的书。混乱就是工作环境里一些不必要的、未经整理的杂乱。你也许每天会对着孩子们大吼要他们整理房间，然而回到自己杂乱的办公室时，却几乎从未觉得有什么不对。事实上，办公室工作环境的混乱，会使你无法高效率地工作。

混乱代表人们处理工作和生活的一种态度，它透露出某些工作者的隐藏特质：他们很可能有一个混乱的头脑。许多人总是替混乱找借口，认为这样可以帮助他们思考，而且有助于创作；也有些人认为有创造力和艺术天分的人生来便是如此。

一些人经常把自己和那些天才相提并论，每次别人批评他们的杂乱，就搬出诸如托马斯·爱迪生的实验室乱七八糟、阿尔伯特·爱因斯坦经常不穿袜子，更别说是成双的袜子，等等这些作为杂乱无章并不妨碍工作的例证，并认为自己的杂乱无章标志着自己是一个有创造力、工作繁忙的人。除此之外，他们还愿意自己的杂乱无章成为人们饭后谈资，而那些嘲笑他们但并无恶意的人们恰恰满足了他们的愿望。

然而事实上，并没有足够的证据可以证实创造性与杂乱有明显的

相互关系，而且说实话，邋遢并不惹人喜爱。杂乱就是杂乱，它一点也不能表明你的工作有多好，而且它正在不断浪费你的时间。

有一次，一位记者第一次到某位著名艺术家的家里做客，在到达之前她脑中已经有幅这样的情景：东西摆放杂乱，书堆在角落，书房充满各种艺术品以刺激创作的灵感。这才是真正艺术家的家。但是当她到达之后，她发现室内非常干净整齐。她想或许是艺术家知道有客人来，事先整理了一番。但是当她下次再进入他的书房时，看到的还是那样井然有序：所有的书、笔排列整齐，颜料罐也排成一列，并且用标签标示。她几乎不敢相信自己的眼睛。

记者专门谈到画家的整洁，他说这是他在大学时学到的：他学会工具摆放要有秩序；他知道如果每次用笔后不洗干净，画笔便会折损；他将所有不同的颜料贴上标签，因为如果不这么做，他会忘记他混合了哪些颜料。

在一个干净而整齐的环境里当然比较更容易做事。工作者如果想要有效地提高自己的工作效率，就要像这位艺术家一样，一定要让你的工具状况良好，而且加以系统化。

清理一切杂物，这会占用你一些时间，但以后的每个小时你都会从井井有条的全部环境中得到补偿。整顿办公室的环境，拿掉办公桌上那些平时不用的物品。比如装饰品或者一些根本无用的东西。办公室是累积一大堆资料的地方，大部分的时间管理者都认为总有一天会用到所储存的东西。从某方面来说，对于留在你身边的东西要实用一点，确定你手边的东西对你确实有用，如果不是，就毅然丢掉它。

其次，所有东西要有固定的放置地方。也就是说，所有的东西都放置在固定的位置上。办公桌上的书籍、杂志、文件堆积如山，也是产生混乱的原因之一。放在办公桌上的，应当只限于那些真正需要的东西。因此，连一张纸，也要考虑是否有必要把它放在桌面上。把暂时不用的东西收起来，就更能显出层次来。此外，要时常清点书架或文件柜的内容，去掉那些无用的东西，并能够随时取出有用的资料，附上整理后的小标题。

PDCA 循环工作法

万事离不开方法，世界离不开秩序。

——乔纳森·斯威夫特

所谓系统化工作，最关键的还是为工作本身建立秩序，比如运用PDCA 循环工作法。

PDCA 是计划（Plan）、执行（Do）、检查（Check）和处理（Action）这四个英语单词首字母的缩写。PDCA 循环工作法即按照这四个字母的顺序进行工作，并且循环不止地进行下去的科学程序。这个规则是著名质量管理专家威廉·爱德华兹·戴明提出的，因此又称为"戴明环"。PDCA 循环工作法的实施需要八个步骤，根据阶段划分，分别是：

（1）P 阶段，计划。

步骤一：分析现状，找出存在的问题。

步骤二：找出并分析产生问题的各种影响因素。

步骤三：找出各种原因中的最关键因素。

步骤四：针对主要影响因素，制订计划和措施，提出质量改进的活动计划。

制订工作计划的目的就是为了明确目标，让自己的工作不偏离最初的宗旨和方向，同时也为以后的工作更加条理、清楚明了做铺垫。试想如果没有工作计划，工作只会随性而为，无头无绪，走到哪里算哪里，这样只会浪费时间、精力和金钱。而良好的工作计划，不但不会浪费这些，相反还会给你带来意想不到的收获。如拜访计划的制订能使你高效拜访某位名人并且得到他的青睐或者好感。

（2）D阶段，执行。

步骤五：执行所制订的计划和措施。

执行是计划得以实施的关键，也是最重要的工作内容之一。如果这件事情值得做并制订了计划，那么就一定要有"咬定青山不放松"、不达目标不罢手的韧性和狠劲，坚持执行下去。

（3）C阶段，检查。

步骤六：根据计划的要求，检查执行的情况。

一味地蛮干既不是好的工作品质，也不是聪明的工作方法。当工作进行到一定程度时，应该回过头去照照镜子，看看自己是否偏离了原始目标。工作结束时的检查也是必要的。任何工作都不可能是完美的，我们能做的就是让工作趋于完美。只有不断地反省工作中出现的问题，然后才能想办法解决它。准备一个笔记本，随身携带，一旦想到了什么问题就立即记录下来，这样不但有利于发现新的问题，同时也可以避免自己在工作中可能出现的类似纰漏。

（4）A阶段，处理。

步骤七：总结经验，巩固成绩，把效果好的纳入各项标准。

步骤八：提出遗留问题，并将其转入到下一个循环予以解决。

对检查出来的问题进行解决，总结执行对策中成功的经验，并整理为标准的过程。只有一次又一次地修正，才能使工作达到最理想的状态,将执行对策中不成功的或遗留的问题转入下一个循环解决。

以上八个步骤具体到工作中并不是独立的,而是互相交织在一起的。一般来说,前面五个步骤是在同一时间进行的,在设定目标和制订计划的同时就会考虑到前面五个问题。中间的执行和检查都根据员工自己的实际情况来完成。到了月末,就应该对自己本月的业绩和工作做一个总结,主动将总结报告交给上级并征求主管和同事的意见。如果完成了目标,那么就给自己制定下一个目标;如果没有完成,找出其中的原因,同时制定一个激励自己的办法,让自己轻轻松松地进入到下一个有意义的循环。工作就是这样周而复始。PDCA 循环就像一个不停运转的车轮,同时也帮助你循环不停地提高绩效和完善自己。PDCA 循环看似周而复始,其实每一次都不是原水平上的循环,而是每一次都有新的内容、新的目标。每循环一次,就解决一些问题,工作水平就提高一个层次,就像爬楼梯一样不断上升。值得注意的是,PDCA 循环是一个先后次序不能颠倒,四个阶段紧密衔接的整体。正是因为这种大环套小环的组成使得工作效率可以不断地进步。

第三周星期五
工作简单化

　　随着全球经济的发展以及社会团体的壮大，似乎所有的事物都在朝复杂化的方向发展，与此同时，人们的思维也在日益复杂化。平常一个极其简单的问题，人们却需要花大量的时间和精力制订一个庞大复杂的解决方案，殊不知，最简单的方法就是最好的解决方法。而真正的效率也来自简单。

简单化原则

> 切勿浪费较多东西去做，用较少的东西，同样可以做好的
> 事情。
>
> ——威廉·奥卡姆

"看业绩不看表现，看结果不看过程，看功劳不看苦劳"，这是现代企业考核员工工作价值的基本原则。老板不会在意员工做了多少件事情或者是用了多少个小时加班工作，而是注重最后的结果。因此，工作的过程中要懂得取舍和简化。哪些工作该做哪些不该做，哪些工作能给你的职业生涯带来好处，哪些工作可做可不做，都要心中有数。

简化工作能帮助我们抓住问题的核心，使我们集中时间和精力做最重要、最紧急的工作。在高强度的工作条件下，我们如果不能理清思路，无法用简单的思路来解决问题，那么最初制订的目标都将无法实现。

有这样一个故事。有位教授要在客厅里挂一幅画，请邻居来帮忙。画已经在墙上扶好，正准备钉钉子时，邻居说："这样不好，最好钉两个木块，把画挂在上面。"教授遵循他的意见，让他帮着去找木块。木块很快找来了，正要钉，他又说："等一等，木块有点大，最好能锯掉点。"于是便四处去找锯子。找来锯子，还没有锯两下，"不行，这锯子实在太钝了，得磨一磨。"锉刀拿来后，他又发现锉刀没有把柄。为了给锉刀安把柄，他又去树丛中寻找小树。砍树时，他又发现教授的那把生满老锈的斧头实在是不能用，他又找来磨刀石。可为了固定住磨刀石，必须得制作几根固定磨刀石的木条，为此他又到郊外去寻找一位木匠，因为听说木匠家有一个现成的。然而，这一走就再也没见他回来，那幅画最后还是教授一边一个，用钉子钉在了墙上。下午教授再见到邻居的时候是在街上，他正在帮木匠从五金商店里往外抬一台笨重的电锯。

复杂就是臃肿，就是多余。早在 14 世纪，英国逻辑学家、圣方济各会修士威廉·奥卡姆就提出了"如无必要，勿增实体"的原则，那些多余的东西都要像被剃刀剃过一样干净。所以这个"简单有效原理"又称为"奥卡姆的剃刀"。简单是一种行之有效的思维方式，学会把复杂问题简单化，不仅是提高能力素质、增强竞争本领的迫切需要，还能帮助我们更好地提高工作效率。现在企业中越来越多的信息瞬间便作无效，要把复杂问题简单化就成了时代的呼声。

要想将问题简单化，首先要从目的性上着手。明确自己想要的，删除无关的，就是一次最大的简单化。能让工作者从一大堆琐碎而无用的事务中解脱出来的唯一途径，就是将问题简单化、清晰化。如果你想成为一名高效员工，那么试着问自己以下这些问题：

（1）你的工作目标是什么？

（2）这个目标对你的工作会有什么样的影响？

（3）这个目标对你的意义是什么？

找到这三个问题确切的答案之后，你就可以开展你的工作了。

在工作时，要时刻谨记简单原则。在写计划、报告或一些方案的时候应尽量简洁。过滤掉没用的消息和邮件，尽量用最简洁的语言表达自己的意思。对于非常熟悉的同事、朋友或者是完全陌生的人的打扰，你有时完全可以置之不理。而对于那些不太熟的人则理应委婉以拒之。节约自己的时间同时也节约对方的时间，在某种程度上这是一种双赢。

在工作的过程中，我们完全没有必要什么事情都去关注和重视，

有些事情可能根本就是在浪费时间。要知道，80％的效益是由20％的工作创造的，做好20％的事情将意味着你的工作成功了一大半。这就是工作中的"80/20法则"。

"80/20法则"，也就是意大利经济学家维弗雷多·帕累托提出的"重要的少数与琐碎的多数"原则，即在任何特定群体中，重要的因素通常只占少数，而不重要的因素则占多数，因此，只要能控制具有重要性的少数因素即能控制全局。

凯利摩尔涂料公司的创始人之一威廉·摩尔1939年大学毕业时只是个小小的油漆推销员，第一个月的收入只有160美元。他仔细分析了自己的销售状况，做了一个图表，发现80％的收益来源于20％的顾客，但是他却对所有的客户花了同样的时间。于是他把最不活跃的38个客户重新分配给了其他的推销员，而自己就集中精力和时间重点维护10个客户。很快，他的收入就增加到每个月1000美元。

"80/20法则"是我们必须掌握的一项重要的工作方法。这个原理告诉我们一个非常重要的工作道理：避免将时间花在琐碎的多数问题上，因为就算你花了80％的时间，你也只能取得20％的成效。要做到将80％的时间放在20％最重要的事情上，就要求我们合理地划分自己的工作任务等级，并列出清单排好顺序，列出日程表，按照时间管理法则来工作。

"复杂的事情简单化，简单的事情条理化，条理的事情自动化"，这是一种值得借鉴的工作原则。从简单到复杂是一个聪明的过程，但是从复杂到简单却是一个伟大的过程；从简单到复杂难，从复杂到简单更难。什么都想做的人，可能最后什么都将做不好，无论社会、企业还是个人，都应该按照简单化原则来行事。总之，只要我们能够恪守简单原则，确立简单、现实的目标，通过简单的方法、简洁的程序来达到目标就是最大的高效。

怎样简化工作

一切要简化！简化！再简化！

——亨利·戴维·梭罗

简化工作流程，提高工作效率，是工作稳步发展的关键因素。繁琐的工作流程不但浪费工作时间，而且会增大工作量和返工的风险。

所谓工作简化，就是改进工作方法或工作程序，以便更经济，更有效地利用人力、物资、机器来从事某项特定的工作，提高工作效率。工作简化一般可分为以下六个步骤：

（1）选定准备进行研究的工作项目，一般应为经济价值高，对整个工作影响重大的工作项目；

（2）以直接观察法分析所研究工作项目的全部情况，并在生产程序图上用各种符号作详细而精确的记录；

（3）分析生产程序图所表现的事实程序；

（4）考虑全盘工作情况，对各项作业按照具体情况予以取消、合并、重排或简化，以便找出一种最好的工作方法；

（5）衡量所选定方法中的工作量，并计算所需的标准时间。一般工作可在这一步骤中把改进的方法付诸实施；

（6）就已决定的标准方法和容许的时间，确定新的工作方法和工作程序。

对于有组织的团队工作来说，流程的优化方式有三种：水平工作整合、垂直工作整合和工作次序最佳化。水平工作整合是指将原来分

散在不同部门的相关工作，整合或压缩成为一个完整的工作；或将分散的资源集中，由一个人、一个小组或一个组织负责运作，这样可以减少不必要的沟通协商，并能为顾客提供单一的接触点；垂直工作整合是指适当地给予员工决策权及必要的信息，减少不必要的监督和控制，使工作现场的事能当场解决，提高工作效率，而不必经过层层汇报；工作次序最佳化是指利用工作步骤的调整，达到流程次序最佳化。

简化工作流程的方法有许多，比较常用的是 ECRS 分析法，即依据"动作经济"的原则，通过取消（eliminate）、合并（combine）、重排（rearrange）、简化（simplify）这四个步骤，使工作流程更有效率。

首先，如果发现工作中某些步骤不必要时，应予取消。有"动作研究之父"之称的弗兰克·吉尔布雷斯曾经专门研究了泥水匠砌砖的过程，利用电影技术来分析和改进工人工作时手的动作顺序。他把手的动作分解为 17 种基本动作，如"抓"、"搬运"、"握"等，称为"动作的基本元素"。通过对基本动作和方向的分析，使他得以将砌外墙砖的动作从 18 个减少到 5 个，而砌内层砖时，动作从 18 个减少到 2 个。工人采用了吉尔布雷斯的方法后，每个人一小时的砌砖数从 120 块增加到 350 块，工作效率提高了 200％。

假如不能取消动作，但作适当的合并后，更可提高效率时，可予合并。最简单的便是"除休息外，两手不应同时闲置"。例如用右手拿话筒听电话，一旦需要用笔时，便不得不将话筒交给左手，右手去拿笔。而正确的方式是养成左手拿话筒，右手保持自由状态的习惯。也就是把两个动作合并在一起做，但并没有剔除任何一个动作。吉尔布雷斯在改进砌砖工作时也注意到了这一点。当时，砌墙时砖头摆放在地面上，施工者必须一次次地弯腰选择砖头，选择比较良好的侧面。这样，不但工人容易疲劳，效率也不可能高。吉尔布雷斯在工人容易取放的高度上设置了一个摆放砖头的架子，同时让工人另一只手拿着沾满混凝土的抹板，改以前的单手作业为双手作业。经过这样的改进后，施工速度是以前的三倍以上，施工人员的疲劳度也大大降低。

假如也不能合并动作，但调整其顺序后，更可提高效率时，可予调整。举个简单的例子，在准备换衣服出门的时候，人们一般都是先穿裤子再穿袜子，但正确的顺序应当是先穿袜子再穿裤子，否则在你坐下穿袜子之前就会产生一个多余的动作——把裤子拉上来，以便坐下。有时候我们在工作中需要签发大量的文件，浪费时间的做法是拿起一份文件，签字、盖印章后，再重复第二份。正确的做法是一次签完所有文件，再一次盖章。乍看起来这比前面的方法浪费了翻页的时间，但却可节省"放下笔、拿起印章、放下印章、拿起笔"等更浪费的时间。

最后，移动时应尽量利用最低动作以减少疲劳，这就是"简化"。最低动作也是最经济的动作，应尽可能轻松自然而有节奏，因为节奏能使动作流利、自发及减少疲劳。还可以使用器具以减少肌肉的用力，比如不要用手动削铅笔，而要使用电动削铅笔机，甚至更一劳永逸的是用自动铅笔。

关于动作"简化"有个很有趣的例子，就是我们常用的电脑键盘，也叫做"QWERTY键盘"。这种按键的布局目的不是提高效率，而恰恰相反，是为了降低打字的速度。原因是在机械打字机时代，打字员过快的敲击速度会让机器的联动杆纠结在一起，造成故障，于是机械打字机的发明者克里斯托夫·肖尔斯就故意把常用的几个键分开，以避免机器卡壳。后来电脑的出现一劳永逸地解决了卡壳问题，但人们已经习惯了"QWERTY键盘"，即使后来人们发明了更为有效的"德沃夏克式键盘"，也无法被代替。所以说工作效率的提高是有很多阻碍的，需要我们多动脑去解决它。

先解决容易的问题

> 任何问题都有解决的办法，无法可想的事是没有的。
> ——托马斯·阿尔瓦·爱迪生

如果想在有限的时间内高效地完成一定的任务，就要讲究解决问题的策略。首先完成容易、自己拿手的部分。这就好比考试，在进入考场前我们总是被教导先去完成自己会做的，再去做那些比较难的，最后有时间再做有挑战性的试题。

为什么不是先去完成困难、庞大的工程而是先完成简单、容易的呢？这从人的心理上可以得到一定的解释。人总是带有各种各样的情绪，如何学会控制自己的情绪，不让它影响自己的日常生活和工作，是人们至今也从没有停止过探索的话题之一，但却很少有人能够做到。

生活和工作中总是有各种各样的事情影响我们的情绪，心态的变化可能导致工作效率甚至工作效果的改变。每一个人都是需要给予信心和鼓励的，当自己完成了一项工作任务时，这无疑是给了自己最大的鼓励和支持，于是自己的心态一下子就可能从低谷恢复到良好状态并进行下面的工作。一般人在心态比较好的时候完成工作的速度以及质量也是比较理想的。因此，先做简单的事情，把自己能够解决的、不需要消耗大量时间的工作做完；先从最容易、最有把握的地方做起，可以帮助我们提高工作效率和工作质量。

先从简单的事情做起，有利于自己更加深入地了解整个事情的原委，时刻鼓励自己、相信自己。人只有充满自信，拥有良好的心态才能在工作当中取得成绩。自信心并非与生俱来，它是在从易到难，不断战胜困难中逐步培养起来的，因此，工作者更应该懂得先做简单的事情，逐步提升自己自信心的重要性。

"一屋不扫何以扫天下"，这个道理人尽皆知，但是仍然有很多人只想做大事，而忽略做小事。他们认为只有做大事的人才能真正成功。但不要忘记，所有的成功都是从简单的事情开始做起的。只有简单的事情落实到位了才能给大事、难事积累经验，成功的机会才能更大。作为一名普通的员工，在大部分的时间里，我们面临的都将是简单乏味的工作。但假若一个人连简单的事情都做不好，或者说做不到位，那么他将很难取得一定的成就。很多人对简单的事情不屑一顾，殊不知，把简单的事情做好了就不简单了。

很多职场新人希望一上手就做大事，做得轰轰烈烈。这其实不是在提升自己而是在自取灭亡。新手是无法一下子解决问题的，他只有在积累了丰富的经验之后，才能够顺利完成任务。而每一个新人积累经验的过程，都应先从身边的小事做起。这不仅仅是个学习的过程，还是一个慢慢积累经验和培养自信的过程。

成功需要一定的时间做支撑，没有哪个名家是一两天练就的。成功都是历经了时间的磨难，才有水滴石穿的效果。举重者练习举重之初，通常是先从他们举得动的重量开始，经过一段时间后，才慢慢增加重量。优良的拳击经理人，都是为他的拳师先安排较容易对付的对手，而后逐渐地让他和较强的对手交锋。我们可以把这一原则应用到其他地方，这个原则就是先从一个易于成功的对象开始，逐渐过渡到较为困难的工作。所以，把我们的目光稍微放低一些，以一种轻松的心情去练习。

另外，如果先做好了简单的事情，那么后面的大量时间就可以用来潜心解决重大的难题了。但是，如果将顺序反过来，先啃掉困难的问题再来解决容易的问题，一旦工作中遇到你无法解决的难题，就会

导致时间的拖延，简单的问题也将没有时间去解决。对于新人来说，刚着手工作如果就给了自己一个下马威，后面再简单的事情都将变得困难，如此很可能导致自己停步不前。

容易的工作虽然容易被人们忽视，但容易的工作也可能是成功的关键。因此，做好每一项容易的工作就给自己解决问题奠定了基础，给自己未来的工作增加了砝码。

先解决容易的、简单的问题并不是意味着投机取巧、避重就轻，甚至逃避不敢面对。实际上，这是一个统筹的问题。当我们完成了一定数量的简单任务之后，心里自然会树立一种信心，我一定能把目标实现，在今后的工作中我们将更有自信。这同时也是一个循序渐进的过程，我们这样由易到难地做事，自己心里对这个过程肯定会越来越熟悉，所以在困难越来越大时，我们能够沉着应付而不失方寸。

无论是新员工还是老员工，都需要朝着"高效率"这个目标奋斗。这就需要系统性地筹划自己的工作。将问题细化，然后再具体到细节，找准解决问题的突破口，这样才能有效提高工作效率。先解决容易的问题不但符合这些要求，同时也有利于提升我们的自信。

第三周星期六
· · ·
培养业余爱好

　　著名学者王世襄在燕京大学文学院读书时，经常怀里揣着蝈蝈葫芦到教室上课，被蝈蝈声惹恼的教授不止一次把他赶了出去。王世襄一生爱玩儿，无论蟋蟀、鸽子、猎鹰、獾狗、烹饪、漆器、竹刻、家具，都沉潜既久，无不精通，而且深入研究，玩出了文化。"玩物成家"。我们未必能像王世襄那样"玩物"而不"丧志"，但培养一些业余爱好，却是丰富生活的不二法门。

琴棋书画陶冶雅兴

要想真正地快乐，而且每次都能真正奏效，一个人必须有两种或三种业余爱好，而且必须是真正的业余爱好。

——温斯顿·丘吉尔

一个人可能具有与他日常工作无关的大量的知识，但这些知识并无助于他减轻心理压力。随心所欲做自己所喜欢的工作也不会有助于减轻心理压力，事实上，或许那些以工作为乐的人正是那些最需要通过一种兴趣爱好使自己适时忘记自己工作的人。

业余爱好多种多样，比如唱歌跳舞、钓鱼登山等等，其中对工作者最有裨益的莫过于"琴棋书画"。

学习一门乐器有很多好处。首先，可以锻炼我们的智能和心理素质。演奏乐器的过程必然是要集中注意力，还要兼顾音调、节奏和音量，只要比较完整地弹奏一首乐曲，就必然已经进行了注意力的集中与分配的心理素质训练。演奏音乐不是机械的节奏、音高与力度的拼合，还有内心的节奏感、位置感，以及更高层次的情感、意境等等，良好的音乐演奏是这些不同的知觉与动作的巧妙的、天衣无缝的配合与谐调。经常置身于音乐中的人，也就是经常置身于精妙的音乐时间"流"和音乐三维空间的人，空间、时间观念很自然地得到加强。演奏也是毅力与耐力的锻炼，为了一个技术细节重复练习几十次甚至上百次，是很平常的事。乐器演奏还需要合作性。音乐形式中有很多集体合作的项目，人们参与合作性的音乐活动，不但在组织过程中得到了社会组织能力与适应能力的锻炼，更能够体会到个体与整体、个体与个体的协调、均衡的感觉，这是非常珍贵的体验，对于人格的成长有着积极的作用。学习乐器演奏，不仅仅可以休闲娱乐，对人的工作能力也有很强的促进作用。

如果说弹琴能让人学会合作，那么下棋就能让人学会竞争。下棋第一功能就是培养棋手的逻辑思维能力和分析能力，并从棋局中领悟到全局观念高于局部得失的道理。久而久之，棋艺大进，不仅懂得了各子的性能，各子的关联，更进一步明白了"走一步看三步"的道理，一个深思远虑、指挥若定、勇敢机智、稳重敏捷的领袖人物就悄然形成。下棋还让人懂得遵守规则的重要性。棋品高超的人都喜欢和自己水平相当的棋手对弈，而不愿意"欺负"棋艺不高的弱者。他们往往不以一局棋之胜负论英雄，更不希望对方由于某种原因走了错招、漏招而喜悦，临危不乱、临胜不骄。这样下棋，必然能培养出高尚刚正的品格。

书法是中华民族传统的文化瑰宝，学书法能使人变"静"，培养人的专心、细心、耐心和毅力等优秀品质，从而提高人的整体素质。当一个人的心灵处于宁静状态时，其思维质量和办事效率是最高的；反之则心浮气躁、思绪混乱或语无伦次。现在的社会生活节奏变快，但人心普遍浮躁、做事马虎、缺少耐心和毅力等。通过书法，可以弥补。

学习绘画同样有助于提高人的心理素质。绘画是眼、手、脑紧密配合的活动。在绘画活动中，要将感知到的具体形象，通过眼睛认真观察，经过分析、比较找出主要特征，运用线条、色彩等手段描绘出来，做到视有所感、脑有所思、手有所致。这种绘画有利于掌握正确的观察、思维方法，提高表现技能。到大自然中写生也是非常好的休息方式。

心理学家说：忧虑是一阵情感的冲动，意识一旦陷入某种状态，这种状态将很难被改变。在这种情况下，与意识去抗争是徒劳的。意志力越强，这种抗争越显得徒劳无益。这时，唯一的解决办法只能是悄悄地渗入某种新的东西，来分散注意力。如果这种新的东西选择恰

当，而且确实能激起你对另一领域的兴趣，渐渐地而且经常是非常迅速地，你过分紧张的情绪就会缓解，你又开始恢复到原来的状态。

因此，对工作者来说，培养业余爱好显得尤为重要。但这不是一件一朝一夕或凭一时意气就能一蹴而就的事情。心理兴趣的培养是一个长期的过程。它的种子必须精挑细选，然后播撒到肥沃的土壤里，要想得到籽粒饱满、需要时随手可摘的果实，还必须对它细心呵护。

文玩收藏丰富身心

收藏不应该简单地给人以美学价值，更多的应该是具备使人精神高扬奋发的力量。

——安宅英一

鲁迅先生作为文学巨匠，是人所共知的，但是很少有人知道他其实还是一位设计大师。他不仅设计了北京大学的校徽，为自己的书籍设计封面，甚至还为民国政府设计过一枚"十二章国徽图"银币。鲁迅之所以长于设计，与他长期收藏、钻研版画、碑拓、古钱币的经历是分不开的。不算中国画家的作品，鲁迅一生收藏的外国版画原拓就达 2100 多幅，涉及 16 个国家的 200 多位版画家。他对汉代画像拓片收藏也有特殊的兴趣，所购刻石画像的拓片有 6000 多种。鲁迅的收藏中还有 170 多枚古钱并进行过深入地研究。一次，他在地摊上一堆南宋古钱里发现一枚非常稀少的"端平通宝"折三钱，花了区区 30 个铜元将其买下，高兴地记在日记里。收藏和美食、读书、看电影一起给鲁迅繁忙的写作生活提供了必要的调剂，让他能够有更多的精力开展"笔的战斗"。

收藏活动在中国有着悠久的历史。原始人类为了装扮自己，就采集漂亮的贝壳、磨制出精美的玉器，将它们佩带在身上。唐太宗李世民酷爱书法艺术，他并收天下碑帖，在书法界传为美谈。宋代大画家米芾爱石如痴，有一次他得到一块"端石砚山"，竟接连三天抱着此石入睡，时人便称他为"石癫"。清代的雍正、乾隆皇帝，崇尚汉族文化，不仅自己舞文弄墨，而且嗜古成性，广为收集民间的珍宝，把它们秘藏于故宫。

收藏品是人类文明的物证，是一个时代政治、经济、文化、科技的印迹，也是收藏者的一种精神寄托。随着经济环境和人们生活品质的提高，收藏已不再成为文人雅士的专利，而逐渐扩展到各个阶层、各个年龄层，成为人们经济生活和精神生活的一部分。除了传统的古玩、书画、观赏石、邮票、钱币、火花、磁卡、粮票、门券、酒瓶、商标都成了收藏的对象，可谓无所不及，无所不包。收藏已不再是昔日的"玩物"，而是一种内容多样、全新的文化休闲和经济活动，它要求收藏者具备理性的经济头脑的同时，还要有很好的艺术的修养。收藏者在收藏的过程中，潜移默化地将自己培养成理性和感性结合得相当和谐的现代人。

工余之暇，或河滩沙矿觅石，或乡村小镇淘金；或去古玩地摊寻宝，或到博物馆里取经。流连于蓝天白云下，徜徉在艺术的殿堂里，身心得到最大的放松。对此，古陶瓷收藏鉴赏家马未都先生感触颇深，他说："我觉得在古玩收藏中最大的收获就是变得安静了，坦荡了……对文物的亲近，会使你变得谦和待人，宠辱不惊，富贵不淫。收藏的乐趣是陶冶，收藏像点燃一支香，望着它永无重复的渺渺烟云，嗅着融和着自然气息的清香，像一杯清茶，在恬静地品啜着，身心得到最大的松弛和安逸。"

无需否认的是，收藏也有投资收益、保值增值的作用，但是作为业余爱好，我们不能过分关注收藏品买卖。收藏群体分好事者、谋利者和鉴赏者三类：好事者是附庸风雅；谋利者，即艺术品投资人、经

纪人、古董商等艺术品经营者；鉴赏者是真正的收藏家，从事收藏是为了享受收藏带来的高质量的精神愉悦。一个真正意义上的收藏家，要游刃徜徉于人类文化艺术的浩瀚海洋中，需充分具备内在与外在的各种素养，包括眼力、学识、财力、兴趣和魄力，只有充分领悟这些，收藏活动才能取得事半功倍的效果。反之则容易误入歧途。中国千百年来的收藏观往往注重收藏的文化、精神内涵，忽视或者淡化收藏的经济、物质因素。如果一味想从收藏中获利，就不免斤斤计较、急功近利，从而偏离了陶冶情操、修身养性的目的。

收藏的真正意义在于传承、发扬。收藏不仅是一种陶冶情操、怡养性情的个人行为，更是社会发展的一种自然选择。真正的收藏家，是内心藏有火种，以一己之力，传承人类文明的人。他们通过收藏，感悟传统文化，提升审美水平，丰富文化内涵，凝聚民族精神，进而促进文化事业和推动人类社会的发展。

从事业余收藏，首先要避免缺乏恒心，朝三暮四。一个有水平的收藏家，绝非一朝一夕之功，都是数十年如一日，苦心孤诣，呕心沥血的结果，如果没有这种精神，很可能半途而废。其次不要好高骛远，在收藏过程中，要先易后难，先粗后精，不能急于求成，盲目追求珍品。第三不要束之高阁，秘不示人。不少收藏家将自己的藏品毫无保留地展示于众，让人们都能分享其中的乐趣，更能使他精神上得到愉悦、满足。集得藏品束之高阁，不发挥其社会效益，无异于抓住金钱不放的守财奴。最后不要影响本职工作，要做到"玩物不丧志"。

第三周星期日

· · ·

浸润在亲情友情中

　　每天面对紧张枯燥的工作，面对只会下达命令的上司和只会推卸责任的下属，面对咄咄逼人的同事和苛刻难缠的客户，你是否感到心力交瘁？幸运的是，你还可以回归家庭的港湾，也可以沐浴友情的雨露。只有与家人和朋友的相处才会让你完全放松下来，享受休闲时刻。所以，不要浪费与亲人朋友共处的每一秒，这才是真正的生活。

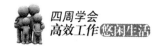
多些时间与亲人相处

> 家是世界上唯一隐藏人类缺点与失败的地方，它同时隐藏
> 着甜蜜的爱。
>
> ——萧伯纳

每天早晨赶着去上班的时候，你的孩子可能还没有起床；每天应酬结束回到家，妻子可能已经沉沉睡去。工作占用了与家人相处的时间，是很多人压力和烦恼的来源。

住在同一屋檐下的家人还有些时间相聚，但我们与父母相处的机会却是越来越少。当今老人吃穿基本不愁，但是得到的精神抚慰却太少。有些人与父母共处一个城市却一年难得见老人几面，即使见面也是匆匆地来，给老人买点礼物，留点钱就匆匆而去。有些人在外地工作，几年不回家，只是定期给老人寄钱就以为尽了孝心。对于衣食无忧的老人，物质上的关怀已不重要，再多的钱对他们也已没有了意义。他们渴望着精神上的抚慰。

"人之行莫大于孝"，中国文化里让所有人认同的就是一个"孝"字。孝不是施舍物质，让父母快乐才是最大孝敬。实际上，父母所要的并不多，子女一声问候，时常地看望，子女倾听他们说话，给他们揉揉肩捶捶腿，哄着他们高兴，保证自己的父母衣食无忧，是孝的最基本的要求，关心父母的生命，是孝的一般境界；对父母的精神抚慰才是最高境界的孝道。让我们这些做子女的都能够分出时间来呵护父母的精神世界，让他们的晚年变成有笑声的时光。有父母陪伴的人是幸福的，好好珍惜吧，不要等失去了才知道他们的珍贵。趁着父母依然健在，常回家看看，陪父母说说话，帮父母捶捶背，尽一尽孝心，享受人间最珍贵的天伦之乐。

除了父母妻儿，其他的亲戚也要定期去拜访。俗话说"三年不上门，是亲也不亲"，只有经常的礼尚往来，亲戚之间才能沟通联系，深化感情，密切亲戚关系。有人认为，"我不缺吃不缺穿，何苦经常往来自找麻烦呢？"其实亲戚关系不只是物质交换关系，还有更重要的精神交往关系，是一种人情味很浓的亲情关系。只有建立在常联系的基础上，才能建立真诚的关系，如果彼此间少了经常性的走动，那就可能出现"远亲不如近邻"的局面了。除了经常到亲戚家走动外，自身也要经常性地邀请亲戚到家里做客，利用自己的空间和亲戚联络感情，做一回主人，热情款待他们，让他们有一种自己家的感觉，时间一久，亲戚之间的关系就会处得异常融洽。

按理说，亲戚之间都应该一样亲，但实际生活中却不是这样。由于思想观点、生活态度、情趣爱好、职业地位、性格特征和经济状况等方面的差异，再加上受距离远近的影响，有的来往密切，有的不来往或很少来往。来往密切的，自然就亲近些；来往少的，自然就陌生些，这些都是很正常的。但是，陌生和疏远不同。陌生是因为很少来往，互相了解不够，而疏远是一种态度，一种不欢迎对方的态度。有些人与亲戚的关系是以贫富论的，"贫居闹市无人问，富在深山有远亲"，亲戚间交往如果受金钱、地位的影响，亲戚关系必定会变味。

亲戚之间的交往，应平等相待，一视同仁。逢年过节，你来我往，不可厚此薄彼，招待贫富亲戚都要一样热情。婚丧、喜庆，众多亲戚聚会，让座敬茶、宴请吃饭，入席敬酒，先后顺序只能根据年龄辈分，而不能以贫贱富贵来决定。在亲戚间不势利的人，在社会上才会受到尊重。

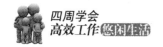
千里难寻是朋友

建立和巩固友谊的最好的方法，莫过于互相信赖地闲谈心事与家常。

——约翰·洛克

每个人都不能没有朋友，人本身就是一种群居性动物，人离不开社会性活动，不能形影相吊地生活在这个世界上。朋友，是我们生命中看不见的财富。如果一个人没有朋友，那么他将会失去人生中的很多乐趣。如果一个人没有朋友，他将会失去很多个机会。闲暇时和朋友小聚，虽然娱乐项目不外乎吃吃喝喝，似乎和应酬客户差不多，但心情绝不可同日而语。

有的人号称"朋友无数"，可是一到大难临头，朋友便各自飞散。究其原因，主要是这种人不受朋友的真心欢迎，只是表面的，而不是从内心被人赞赏。奥地利心理学家阿尔·阿德勒说："对别人不真诚的人，他一生中困难最多，对别人的伤害也最大。所有人类的失败，都出自这种人。"那些能够抓住朋友的心，赢得别人尊重的人，都是些有人格魅力，以诚挚态度对待朋友的人。

作家海明威朋友众多，他交友并不以名气为准，不少名气不大的小人物，也和他成为莫逆之交。在他的朋友中，有政治家、作家、画家和医生，也有工人、花匠、厨师和家庭妇女。

为什么他有这么多的朋友呢？原因就是他对任何人都真诚。他家的客厅和他的心一样，永远是向朋友们敞开着的。远方的朋友来拜访，海明威都要约至餐馆相聚，这也是他的规律。而他住处附近不少饭馆的经理、领班和厨师都和他是好朋友，每次只要他说上一两句关照的话，厨师朋友都会心领神会，立即做出使客人满意的饭菜来。

海明威爱画，也就爱和画家来往。虽然他受过伤，腿脚不便，但每次展览必亲临现场，还要当场掏钱买画，尤其专买还未订出的画或者少有人订的画。他愿意让每个人都不受到冷落，愿意让每个画家都受到社会尊重。很多画家生活比较窘迫，他们常拿些自己的作品来让海明威挑选。海明威绝不让他们扫兴而归，总是高高兴兴地留下一两幅，而且立即给付画酬。于是，一时间他家里画家们络绎不绝。正是这样，海明威赢得了众多人的尊敬和信赖。

朋友之间的交往有九大禁忌，若是不小心触犯了，难免会让聚会扫兴，破坏你的人际关系。

首先是过度表现、言谈不慎，使朋友的自尊心受到挫伤。也许你与朋友之间无话不谈，十分投机。也许你的才学、相貌、家庭、前途等令人羡慕，高出你朋友一头，这使你不分场合，尤其与朋友在一起时，会大露锋芒，表现自己，言谈之中会流露出一种优越感，这样会使朋友感到你在居高临下地和他说话，在有意炫耀抬高自己，他的自尊心受到挫伤，不由得对你产生敬而远之的念头。

其次是不分彼此。就物品而言，朋友之间可以互借物品，这是超出一般人关系之处，然而你对借用的物品应有一个意识："这是朋友的物品，更当加倍珍惜。"要把珍重朋友的物品看作珍重友情一样重要。

第三是过于散漫，不拘小节，使朋友对你产生轻蔑、反感。不自重的人会令他人感觉粗鲁庸俗。朋友会觉得你有失体面，没有风度和修养，自然对你产生一种厌恶轻蔑之感，改变了对你的印象。所以，在朋友面前应自然而不失自重，热烈而不失态，做到有分寸，有节制。

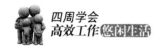
第四是随便反悔，不守约定，使朋友对你感到不可信赖。对朋友之约或之托，一定要慎重对待，遵时守约，要一诺千金，切不可言而失信。

第五是乘人不备，强行索求，使朋友认为你太无理、霸道。你对朋友有所求时，必须事先告知对方，采取商量的口吻讲话，尽量在朋友自愿的前提下提出所求，同时要记住：己所不欲，勿施于人。

第六是用语尖刻，乱寻开心，使朋友突然感到你可恶可恨。也许你还不以为然，认为朋友之间开个玩笑何必当真，殊不知你已先损伤了朋友之情。所以，朋友相处，尤其在众人面前，应和蔼相待，切勿乱开玩笑，用恶语伤人。

第七是过于小气，斤斤计较，使朋友认为你是悭吝之人。对朋友所馈慨然而受，自己却一毛不拔，这会使朋友感到你视金如命，是个悭吝之人。所以朋友之交，过于计较则显得吝啬小气，而慷慨大方则显得豪爽大度。

第八是泛泛而交。你可能由于虚荣心或荣誉感的驱使，也可能交友心切，认为交友愈多，本事愈大，人缘愈好，往往不加以选择和考察，泛认知己，患"好交症"。此时，朋友已在微微冷笑，认为你是朝三暮四之人，不可真心相处，结果你会失去真正的朋友。

最后是一意孤行，不听人言，使朋友认为你太独断专横，不把朋友放在眼里，是个无为多事之人，日后渐渐疏远你。所以你在遇事决策时，应多听朋友的意见，理解朋友的好心。

第四周星期一

培养合作能力

　　合作是一种能力，更是一种艺术。唯有善于与人合作，才能获得更大的力量，争取更大的成功。如果能取人之长，补己之短，就会在自己身上形成一股"合力"的作用，而这种合力更能推动你出弱而强、由小而大，这是成大事者的共同特征。

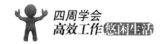

融入团队促进工作效率

> 人们在一起可以做出单独一个人所不能做出的事业。智慧、双手、力量结合在一起，几乎是万能的。
>
> ——诺亚·韦伯斯特

个人的力量是有限的，世界上有许多事情需要大家一起合作才能完成，离开他人的合作，任何人都无法实现自己的理想。许多事实证明，学会与人合作，不仅能提高我们办事的效率还能快乐彼此的心情，所以我们在工作的时候要养成与人合作的好习惯。

在很长的一段时间里，丹麦的奥地肯公司一直是世界助听器行业的领军者。但是到了1985年，奥地肯公司的地位开始下降，市场占有率从15％跌至7％，在行业中的地位从第一降至第三，落在西门子、飞利浦两个巨头之后。

为了挽回颓势，公司董事会任命拉斯·柯林德为总裁。柯林德上任伊始，就将公司的总部改建成一个风格迥异的建筑。在那里，没有独立的办公间，每一楼层都是一个大的开阔的空间。里面配置若干张办公桌，每张桌了上都有一台电脑、一部电话以及其他的办公用品，所有的办公桌都没有固定的名牌，每个员工可以使用任何一张桌子。

员工们在"开阔"的环境中并肩工作，相互间会观察对方的工作，工作热情也随之高涨，奥地肯公司重新夺回全行业第一的位置。

柯林德充分利用了社会心理学中的"社会促进效应"，将员工融合在一个有机的团队之中，从而提高了他们的工作热情和工作效率。

社会促进效应是指当一个人从事某项活动的时候，如果有其他人在场，他就会感到有一种刺激，这种刺激会影响他的活动效果，这种影响大多数时候表现为促进活动的完成。美国社会心理学家特里普利特在考察自行车选手的骑车速度时发现，选手们在有伙伴陪同的情况下，比独自骑车速度要快。著名的社会心理学家奥尔波特做了另外一个实验，让 9 名被试者在不与其他人竞争的正常情况下，对内容相同的短文写出反驳意见。结果发现，从完成作业的数量来看，越多的人一起做，效果越好。

社会促进效应发生作用的心理机制是，别人的工作表现和动作可以转换为自己的外界刺激，从而引起自己同样的或相似的心理反应和动作表现。群体活动的竞争性刺激，往往会成为个体激励的源泉，助长被刺激个体的操作动机，提高其工作效率。一般来讲，有上司在场时，受关注的员工虽然注意力有所分散，但工作肯定会更加卖力，所以漫画家朱德庸曾经调侃：所谓"敬业"，就是老板站在员工旁边的时候，员工的表现。

社会促进效应在自制力比较弱的儿童身上表现得最充分。只要是有客人在场，孩子们就会有一种强烈的表现欲望，情感上异常兴奋。这种现象被形象地命名为"人来疯"。其实"人来疯"现象并不仅存在丁儿童身上，凡是有人群的地方，就有"人来疯"的现象。尤其是在公开的表演、表现场合，这种现象都很普遍。

所以，在适当的时候把自己融入群体之中，在别人的关注下工作，效率就会提高。但是，群体增量效应的产生也有其局限性。一个团队能否产生增量效应主要取决于团队成员的协同方向和程度。一旦群体运作不当，就可能会产生有减无增的遏制作用，其效果自然也是负面的。以下的好习惯可以帮助你打造和谐的工作团队，实现任务目标。

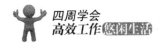
（1）着手行动，做帮助团队起步的人。谁都希望成为一个大家认为是勇敢前进的人，这是行动上的领导，鼓励他人接受你的领导，支持你的初步行动。

（2）征求他人的意见或建议。让所有人都融入到团队中来。采取询问的态度，不要采取命令的态度。询问他人的意见，说明你关心他人，重视他们的想法。征询别人的意见是建设团队的好办法。

（3）澄清别人说过的话，重新陈述或总结事实。在交流的时候，要带着思考去倾听，把别人说过的话用自己的语言表达出来。比如："如果我的理解正确，你认为我们应该……"

（4）提供可供选择的方案。要提出创造性的、可供选择的方案。不要停留在一个或两个选择方案上，努力寻找其他的想法或解决方案，有时最好的办法往往是下一个。

（5）促成团队的一致。努力帮助团队达成一致的意见。一致并不是指所有人都赞同。即使某些成员不同意团队所做出的决定，也要说服他们给予支持。为了团队，自愿地调整自己的想法。

（6）保持交流渠道的畅通。确保信息在应该知道的人当中得到了自由的沟通。最后一个知道事情原委，会让人产生很强的挫折感。团队成员应互相照顾，让每个人时刻地都保持在团队中。

（7）鼓励他人参与。鼓励所有人为团队贡献他们的智慧。在团队召开会议时，每个人都应该提供他们的想法。

（8）缓解紧张局面。在团队的两个成员或更多成员间出现了不同意见时，缓解谈话的紧张气氛。有的冲突是正常的；但是，必要时，必须有人插入，以缓和的语气缓解紧张局面。使用幽默时，要顾及其他成员的感受。

合作是所有组合式努力的开始。一群人为了达成某一特定目标，而把他们自己联合在一起。作为团队的一员，要热情地回应其他团队成员，保持开放的心态，努力去促进整个团队的和睦关系。如果你想顺利地达到自己的目的，就一定要学会与人融洽合作。不要因为必须在一起工作才建立合作关系，这种合作既不可靠而且也不会长久。

努力促进合作

> 如果你能够使别人愿意与你合作，不论做任何事情，你都可以无往不胜。

——威廉·詹姆斯

从前，有两个饥饿的人得到了一位长者的恩赐：一根鱼竿和一篓硕大的活鱼。其中一个人要了那一篓鱼，另一个人要了那根鱼竿，然后他们分道扬镳了。得到鱼的人一边走一边吃鱼，最后到达海边。但是由于没有鱼竿，不能钓到新的鱼，不久他便饿死在空空的鱼篓旁。另一个人提着鱼竿忍饥挨饿，当他走到远处那片蔚蓝色的海洋时，连站起来的力气也没有，更何况钓鱼了。因此他只能带着无尽的遗憾离开人间。

还有两个饥饿的人，他们同样得到了长者恩赐的鱼竿和一篓鱼，但是他们并没有分道扬镳，而是结伴而行。他们同吃一条鱼，到达海边的时候，鱼恰好被吃完了。于是他们用鱼竿钓到了许多鲜活的大鱼。后来，他们建造了渔船，有了各自的家庭，过上了幸福安康的生活。

合作比不合作要好，这是许多人都明白的道理。但是在现实社会中，不合作，甚至竞争，甚至不正当的竞争要比合作的可能多。社会

心理学家认为，人类与生俱来有一种竞争的天性，每个人都希望自己比别人强，并且都不能容忍自己的对手比自己强。因此，人们在面对利益冲突的时候，往往会选择竞争。就是在双方有共同的利益的时候，人们也往往会优先选择竞争。这种现象被心理学家称为"竞争优势效应"。我们之所以要努力促进合作，不仅仅是因为合作能够带来实际益处，更因为在这种心理作用下，合作并不会自然地发生。我们在日常生活中也会遇到一些看起来平常，却可以反映人类心理本能的事情。在上公共汽车时，明明知道排队依次上车会更快，可是一看到车进站后，众人仍会情不自禁地蜂拥而上，结果大家上车都慢了。

在社会环境中，人们往往根据力量对比的大小，来决定自己应该选择竞争行为还是合作行为。一般来讲，成就动机高的人更倾向于竞争，而交往动机强的人多半选择合作，好强的人比谦虚的人更易竞争。然而强者如果选择不与他人合作，那么所得未必会比团结起来的弱者更多。动物行为学家发现，号称丛林之王的狮子往往长期处于饥饿之中。究其原因，是因为狮子捕猎的时候都是独来独往，而另一种食肉动物——鬣狗，则是成群活动。大的鬣狗群有数百只，小群体也有几十只，它们很少自己猎食，而是等狮子把猎物杀死以后，从这个丛林之王嘴里抢夺食物。

虽然单个的鬣狗对于强大的狮子来说根本不值一提，可是成群的鬣狗团结起来却让狮子难以应付。争夺的结果，往往是狮子在旁边看鬣狗分享自己辛苦狩猎的成果，等到鬣狗吃完了，拣一些残羹冷炙聊以果腹。

企业中有这么种人，他们能力超群、才华横溢，自以为比任何人都强。他们藐视职场规则，不拿同事的忠告当回事，甚至连老板的意见也置若罔闻，在以团队合作为主的企业里，他们几乎找不到一个可以合作的同事和朋友。面对任务和难题，他们就像"侠盗罗宾汉"一样独立支撑。所以心理学家又把这种独往独来，不愿合作的心态称为"罗宾汉心态"。

团队中的"罗宾汉"有着非常明显的特点。他们一般拥有比大多数周围同事高的学历或者专业知识，取得过一定成绩，并经常以此为荣、沾沾自喜。他们喜欢独来独往，在公司内没有什么朋友，平常话不多，说起话来也充满着骄傲的语气。如果他们提出自己的一些意见和想法，就绝不容许别人修改，甚至包括领导在内。如果自己的意见被采用，则更骄傲，如不被采用，则内心愤愤不平。认为其他人的所有意见和计划都是平庸和充满错误的，并不屑一顾。他们很少与人交流，对别人的意见一概不接受，而且很少参加公司的集体活动，认为和同事们在一起很无聊。

在现代企业中，内部分工也越来越细，不管他有多么优秀，想仅仅靠个体的力量来左右整个企业都是不可能的。所以"罗宾汉心态"不仅不利于超常能力的发挥，反而会因为人际关系冲突给企业带来负面影响。比如赤手空拳创建苹果电脑的史蒂夫·乔布斯，因为"罗宾汉心态"的影响，就连他亲自聘请的高级主管，原百事可乐公司饮料部总经理斯卡利都公然宣称无法与他合作，公司的业绩也开始下降，董事会不得已解除了史蒂夫的全部领导权。

怎样才能加强与同事间的合作，克服"罗宾汉心态"呢？同在一个办公室工作，你与同事之间会存在某些差别，知识、能力、经历造成你们在处理工作时，会产生不同的想法。交流是协调的开始，把自己的想法说出来，听听对方的想法，你要经常说这样一句话："你看这事怎么办？我想听听你的想法。"即使你各方面都很优秀，即使你认为自己以一个人的力量就能完成眼前的工作，也不要显得太张狂。请把

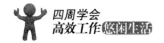

你的同事当成你的朋友，坦然接受他的批评。对批评暴跳如雷的人，每个人都会敬而远之。

要消除"竞争优势效应"的负面作用，就要推崇"双赢"理论。合作为我们每一个人营造了发展的空间。绝对的"我"是不存在的，只有融入我们的"我"。一个人要想实现自身价值，就必须与周围的人友好相处，精诚合作，实现优势互补，在竞争中共同发展。依靠群体的力量，做合适的工作而又成功者，不仅是自己个人的成功，而且是整个团队的成功。

提高你的亲和力

> 要想得到别人的友谊，自己就得先向别人表示友好。
> ——拉尔夫·爱默生

有一次，孔子带着弟子们出外周游。途中，驾车的马跑到了一片田地里，吃了田里的庄稼。农夫心疼得很，气势汹汹地把马扣留下来，然后报官要求赔偿。子贡主动请缨前去交涉。

子贡在孔子的弟子中以雄辩著称，曾经在鲁、齐、吴、晋、越五国间开展穿梭外交，10年间达到保全鲁国，扰乱齐国，扶持晋国并使越国称霸的目标，堪称是出色的外交家。可是子贡引经据典，摆事实讲道理说了半个时辰，农夫还是没有善罢甘休的意思。孔子说："你用他所听不懂的东西说他，就像用山珍海味来喂驴，用《九韶》这样的高雅音乐来吸引飞鸟。"

于是孔子又派马夫前去。马夫对农夫说道："老哥你听我说，你不是在东海种地，难免会有动物来吃你的庄稼，我也不是在西海旅行，马就难免要吃了别人的庄稼。我们既然碰到一起了，我的马吃你两口庄稼也不是什么大不了的事。"农夫听马夫这样说，再看看与自己相同打扮的马夫，觉着很亲切，就十分痛快地把马还给了他。

俗语说：物以类聚、人以群分。我们通常都会对与自己相似的人更有好感，不管这种相似是在观点、个性、背景，还是生活方式上。社会心理学家克劳尔和伯恩提出的强化理论说明了这种现象出现的原因：相似的人由于肯定了对方的信念、价值观、人格品质，因此，起着正强化的作用。反之，则起着负强化的作用。这种正负强化作用通过条件反射与具有这些特点的人联系起来，结果就造成了人们喜欢相似的人，不喜欢不相似的人。

有一个在 20 世纪 70 年代初在美国进行的研究表明，我们最有可能向那些穿着与我们类似的人提供帮助。那时候美国大学校园里的年轻人的穿着主要有两种类型：要么像嬉皮士，要么不像嬉皮士。做实验的人或者穿着像嬉皮士的衣服，或者穿着不像嬉皮士的衣服，到校园里向大学生们要一毛钱打电话。当实验者的穿着与被问到的学生是同一种风格时，在多于 67％的情况下都得到了这一毛钱。但是，当实验者的穿着风格与被问到的学生不一样时，只在不到 50％的情况下得到了这一毛钱。另一个实验则表明，我们对与我们类似的人的正面反应几乎是不假思索的。研究发现，参加某个游行的人更可能在一个穿着类似的人的请愿书上签名。不仅如此，他们签名的时候甚至都懒得读一下请愿书的内容。

心理学有这样的定论："如果你想要人们相信你是对的，并按照你的意见行事，那就首先需要人们喜欢你，否则，你的尝试就会失败。"多数人在交际过程中，都喜欢跟一个他觉得是同类，具有共同理念的

人交往，因为这样可以让他觉得很自在。

所以，在交际中要努力使双方处于平等的地位，使对方认为你是"自己人"，拉近心理距离，才能使双方的感情不断融洽，为合作铺平道路。而要想让别人把你当作"自己人"，除了在工作中要相互帮助，共同分享利益之外，还要努力提高你的亲和力。

美国前总统里根原来是个二流演员，是出了名的"平民总统"。多年的演艺生涯使他养成了幽默而且平易近人的心态，所以美国人都很喜欢他。有一次，记者萨姆·唐纳逊在晚会上见到了他，随意地夸奖里根的新西服很漂亮，里根说："这不是新西服，已经穿了4年。"回到白宫后，他又打电话给那位记者说："我纠正一下，那件西服不是穿了4年，而应该是5年。"

那位记者感到很惊奇，只是一句很随意的话，而作为总统的里根居然这么认真。他立刻就为里根平易近人的态度倾倒了。

很多人都觉得里根为了这样的小事打电话不好，但他自己并不这样看。正是这些小事让人们觉得他随和、平民化而且容易接近。里根竞选总统能够获胜所依靠的就是在群众面前树立的"平民总统"形象。

要想在办公室里游刃有余，你就一定要具有非凡的亲和力。甚至可以说，亲和力是你在公司内立足的必备条件。同事关系处理好了，你不但有一个和谐的人际关系，而且还非常有利于你工作的进展。

下面这些做法可以成为你日常行为的参考：

首先要学会控制自己的表情。有些人从来都不会将自己的内心写在脸上，总是那种公事公办的样子。他们常常是面无表情，其实这并不代表他们内心冷酷无情，相反，这种人往往是情感细腻，更富神经质的人。由于面无表情，别人就不能从其表情中了解到他们内心真实的想法，这种人又怎能给同事留下好印象？更别说得到同事的称赞了。

所以说，要学会积极地表达你的感情，感情表现越积极，同事们就越觉得你很有魅力，这样你才能得到同事的称赞。

在与同事交往的过程中尤其要以诚相待。虚伪、表里不一的行为只会被人疏远。所以说，为人处世要保持诚实的美德，诚实是你赢得好人缘的必备原则。赢得好人缘要有长远的眼光，要在别人遇到困难时主动帮助，不计回报。一定要有结交意识，当其他同事将友谊之球投掷给你时，你要好好接住，并且回掷过去，这是做人的基本品德。

总之，在与同事相处中，只要你注意自己细节上的言谈举止，用你迷人的亲和力，你就能够营造良好的同事间的人际氛围，就能得到同事们的赞赏与信任。

第四周星期二

组建高效团队

　　团队是工作者的共同体，它合理利用每一个成员的知识和技能协同工作，解决问题，达到共同的目标。一个人的力量和能力毕竟是有限的，因而他获得的成绩和成就也是有限的，只有集合并发挥群体的智慧和力量，相互配合、相互促进、相互鞭策、相互激励，做到取长补短、资源优化和整合，才能取得更好的成绩，获得更大的胜利和成功。

认识团队中的角色

> 单个的人是软弱无力的，就像漂流的鲁滨逊一样，只有同
> 别人在一起，他才能完成许多事业。
>
> ——亚瑟·叔本华

大多数的工作都是需要合作的，而且很多具体的事务也需要团队协作才能完成。如果你正在主持一个项目团队的工作，你必须了解自己在团队中的作用，你为什么会在这个团队里、这个团队对你有何期望、你能够为团队做什么、你的专长是什么。在管理学中，通常将一个团队划分为实干家、协调员、推进者、智多星、外交家、监督员、凝聚者和完美主义者八种角色。每个成员只有发挥了其角色职能，才能打造一个高效率的团队。

"实干家"比较有组织能力和实践经验，而且工作勤奋务实，能够在工作中自我约束。虽然他们缺少变通，不敢冒险，但这类员工在团队中并非无可用之处，实际上他们是非常有效率的一群人。他们能集中注意力，为实现目标卖力地干。虽然对于一些前卫的意见不大感兴趣，但处事极其小心、果断，注重细节而轻于速度。他们喜欢比较稳定的工作，不喜欢工作中有很大的变数和临时改动。

如果你属于这一类型，不要自卑，也不要认为自己无用武之地。你可以把别人的谈话和建议转换成实际行动让领导看见。在别人提出好的建议和想法的时候你可以考虑其是否行得通；将大家的意见搜集整理之后，与现有的资料进行对比，从而得出比较好的方法和策略。这就是你的强项，一旦发挥了自己的长处，你就很有可能成为领导者。

"协调员"是团队的领导者，他肩负着组建团队、引导团队选择工作方向、制订工作管理制度、监督跟进工作进度、协调团队工作分歧的重要责任。协调员之所以担当此重任是因为其有着沉着、自信的特点，对各种有价值的意见不带偏见地兼容并蓄，看问题比较客观，同时拥有操控全局的能力。团队协调员应该是个经营者，而不是技术专才。作为协调员，你的特点与众不同：办事严谨，有条理，以自我约束为基础，信任他人，有一种超凡的魅力，能激发别人的忠诚和热情。协调员是支配者，是在宽松和谐气氛中的支配者。

协调员往往带领大家朝着一个明确的目标前进和奋斗，帮助团队中的每一个成员进行角色定位和角色分工，总结团队工作的感受，然后激励大家，带领大家朝着更好的方向发展。作为一个协调员，你首先应该关心别人的情绪，当别人不开心时，你要尝试去开导他们。同时，你还要能够与沉默寡言的人进行沟通。

"推进者"因为自身思维敏捷、开朗，并且喜欢主动探索一些比较深刻的有成就感的东西，于是他们可以抱着十足的干劲，随时准备向传统、低效率、自满自足发起挑战。如果你有这类特质，建议你去从事文案开发和设计这类工作，能够帮助团队明确自己的目标和任务，推动团队达成一致的意见，并朝向决策行动。推进者一定要谨记在工作中避免激起争端，要冷静，切忌冲动和急躁。

"智多星"能想出很多有个性但又不乏深刻的创意。这类员工才华横溢、智慧过人、知识面广且富有想象力。在团队中，经常出谋划策，提供各种各样的意见，尤其是能对已经形成方案的东西提出自己的看法。公司非常需要这一类的人才，特别是策划部门，急需这样一批员工来提高公司的创意能力。

外向、热情、好奇等都是"外交家"类型的员工的特质。他们与很多人都保持着联系，无论熟悉或是不熟悉。他们可以从这些人那里或多或少地得到对自己有用的信息，并且能够不断地探索新的事物，勇于迎接新的挑战。他们常常为公司引入新的信息甚至高效能的人才，为公司的各种活动提供参考意见。

"监督员"一般都比较清醒、理智且处事谨慎。他能从事物中分辨出好与坏，可以一眼看出哪些员工是适合长远发展的，而哪些只适合暂时用用。和监督员一起工作能提高一个人看待事物的准确度，提高个人的判断能力和眼界。但是，久而久之监督员可能会更多地看到别人的弱势，因此，他们没有办法去激励别人，同时自己也很难被鼓动和激发。监督员在团队中主要从事问题、情况的分析，繁杂材料的简化，模糊不清问题的澄清，并对别人的判断和作用做出评价。

凝聚力是一个公司和团队的主心骨，没有凝聚力的团队则没有生存的价值。一个人要想凝聚他人的力量，必然要擅长人际交往，对周围的事物以及人们的反应要比较敏感，应具备很强的适应能力，能促进团队的合作。这就是"凝聚者"的作用。这类员工经常给别人支持和帮助，在讨论问题时总是在冷场的时候发言以打破僵局，能在危急时刻扭转局面，消除团队中的分歧。他们唯一的缺点也是最致命的弱点就是危急时刻太过优柔寡断。

"完美主义者"希望每项工作都井井有条，以达到完美境界。这种人做事勤奋、有序、认真，时刻充满着紧迫感。时时苛求完美的人很容易对现实产生不满，一旦自己的工作有些许的不满意就会产生焦虑的情绪。这类特质的人适合做的工作也很多，比如在方案中寻找并指出错误、遗漏和被忽视的内容；鼓励其他员工参加活动，并促使团队成员产生时间紧迫感；给其他的员工敲警钟，强调目标和计划以及时间规划等。在团队中发挥好这类人的长处将大大地提高工作效率。

要想在工作中事半功倍，你就应该事先了解自己在团队中最经常、最适合承担的角色是什么，自己在团队工作中的特点，以及你可以为团队带来什么样的价值。它可以帮助你更有效地与他人进行交往。

明确你的团队位置

> 谁若认为自己是圣人，是埋没了的天才，谁若与集体脱离，谁的命运就要悲哀。
>
> ——尼古拉·奥斯特洛夫斯基

团队精神已经逐渐成为企业选拔人才的标准。每个老板都希望雇用的员工有团队意识，并且非常看重其在整个团队中所做出的成绩。我们都希望在公司中找到适合自己的位置，有一种归属感，这种归属感很大程度上就来源于团队合作共同完成一项重大任务的成就感。

对于一些不成熟的公司经常有这样的现象发生：任务下来了却没人动手，因为大家都不知道自己的分工。这些问题大都是由对自身在团队中的地位不明确，不知道自己到底适合做什么所引起的。任何团队中的成员都应该思考这样的问题：我在团队中到底扮演着什么样的角色？当我被任命为队长时，我会怎么做？当我是队员时，我该如何做？当我面对一位总想要逃脱责任的工作伙伴时，我又该怎么办？

一个团队如果没有明确的分工，个人在团队中的角色没有明确的定位，工作效率和效能势必将受到影响，而且还容易在团队成员之间产生矛盾。团队与角色分工是分不开的，我们应该将此作为一个统一的整体来看待。

优秀的团队成员总能找到合适的时间和机会介入团队事务，他们并不是一成不变地做某一项事务，而是在各种角色间不停地转变，而且绝对不会抢占别人的优势去做别人该做的事情。他们懂得自我克制，给别人留下锻炼和发展的空间，乐于承担别人不愿做的工作，为的是保护团队的利益。优秀的团队成员总能够在团队内部找到适合自己的角色并能为团队做出贡献。他知道何时承担他最适合的角色，发挥他的最大价值，同时，他还能够调整自己来适应一种本来不是自己的团队角色所擅长的工作，并能把事情办好。

人与人之间在团队角色上差异较大。通常一个人在某种角色上工作得很出色，却在另一种角色上不尽如人意。所以，当你进入一个新的团队时，要将自己重新定位，以使自己能在新的团队中更快地得到锻炼和发展。进行自我角色定位就应该考虑以下问题：我是谁？我扮演和充当一个什么样的角色？我要做什么？要怎样做才能做好？这里介绍几种快速为自己团队角色定位的方法和经验，可以使团队成员真正做到职责清晰、分工明确、资源共享、没有壁垒，从而使团队高效地工作。

以团队的名义进行工作是扮演好团队角色的首要原则。在工作中，不要直接否决团队的决定，始终让团队作为与其他人打交道的主体。如果可能的话，最好以团队为主体与上级打交道。如果你不得不插手，就公开支持自己的团队。实在需要做出什么改动，那就同团队成员私下解决，并把功劳让给团队。让客户觉得在你这儿得到的承诺，远不如在团队那儿得到的多，最好让上级也产生同感，这样，他们就会养成与团队直接打交道的习惯。站在员工个人的角度来讲，直接和团队打交道可以使工作更加轻松；站在团队的角度讲，让团队成为主体可以使团队的运作更有效率——真正的一举两得。

要有坚信自己能给团队带来一份帮助的心态。身在团队之中，就应该认识到自己是团队的一员。既然能被选进这个团队，就一定能给这个团队带来一定的利益，在团队的合作中起一定的作用。要有"少了自己团队就缺了一块板"的信心。凡事先相信自己行，才能真正做到行。

其次，明确自己的职责。团队中自己的职责在很多人看来应该是主管或者老板给你的定位，但是目前很多公司的老板只告诉你，你应该做什么或者你的工作范围。至于你在整个团队中应该做的细节工作都需要自己去发现和明确。只有明确了自己的工作内容后，才能保证自己不拖整个团队的后腿，才能在团队中立足和生存。一旦出现角色模糊、角色超载、角色冲突、角色错位、角色缺位等现象，就会造成员工之间角色不清、互相推诿，最终将会降低团队效率。只有清晰的角色定位与分工，才能使团队高效地工作。

在一个团队中，每个成员的优缺点都不尽相同，应积极寻找团队中其他成员的优秀品质，并且向其学习，使自己的缺点和消极等负面因素在团体合作中减少以至消失。在提升自己的同时，提升团队成员之间合作的默契程度，进而提升团队执行力。团队强调的是协同，较少有命令和指示，所以团队的工作气氛很重要，它直接影响着团队的工作效率。如果你积极寻找其他成员的积极品质，那么你与团队的协作就会变得更加顺畅；你自身工作效率的提高，也会使团队整体的工作效率得到提高。

第三，给自己分配职责的时候做到"以我为本，开拓创新"。自身所具备的素质和能力的高低是给自己确定工作职责的重要依据。根据自己的能力、特点和水平，把自己放到最适合的岗位上是对自己最大的提高。认清自己再定位自己才能保证自己在团队的平台上施展才华。

最后，利用好角色测试工具。通过角色测试，可以很好地看出一个人的性格特点及其工作能力。角色测试工具是角色定位的重要手段和重要依据。在上司给每个人分配工作任务之前，我们先利用各种工具测试出自己的性格类型，看看自己的性格适合做什么工作之后再去接受团队的安排。

优秀员工必须树立以大局为重的全局观念，不斤斤计较个人利益和局部利益，将个人的追求融入到团队的总体目标中去，从自发地遵从到自觉地培养，最终实现团队的最佳整体效益。

以主人心态对待工作

> 不管你在哪里工作，都不应该只把自己当成员工，应该把公司看作自己所有的一样，这样你才不会成为某次失业统计数据里头的一分子。
>
> ——安迪·葛洛夫

无论你在团队中扮演什么角色，都要把自己当作主角之一，而不是"跑龙套"的。只有以主人的心态对待工作，以主角的心态融入团队，才能发挥出最大的工作能力，保持最佳工作状态。

有位报社总编曾经聘用两名年轻女孩儿替他拆阅、分类信件。由于工作简单，她们的薪水在全公司中是最低的。两个女孩儿对他们的老板都是忠心耿耿，但其中一个虽然忠心，却粗心懒惰，从不主动做事，哪怕工作就放在眼皮底下，后来总编实在忍无可忍了，便将她辞退。另外一个女孩儿则完全不同。她的本职工作是拆阅信件并分类，可所做的绝不仅于此。她看到总编经常为给读者回信花费了太多时间，便主动认真研究总编的语言风格，替他给读者回信。总编认为她的那些回信和自己写得一样好，有时甚至更好。后来，总编的秘书因故辞职，那个女孩自然就成了当然的继任人选。

我们稍加观察就会发现，一个人应该永远同时从事两件工作：一件是目前所从事的工作，另一个则是真正想做的工作。如果你能将该做的工作做得和想做的工作一样认真，那么你一定会成功，因为你正在为将来做准备，正在学习一些足以超越你目前职位、成为老板的能力和技巧。

当你以为自己工作的心态，并能以企业主人的心态来要求自己时，你就会很快具备老板的素质。绝大多数人都要在一个社会组织中奠定自己的事业生涯。公司是多数人的选择，只要你是公司的一员，你就应当将全部身心彻底融入公司，为公司尽职尽责，抛开任何借口，为公司投入自己的忠诚和责任。

事实上，以主人的心态来工作就是一种换位思考，即站在老板的角度思考问题。假设你是老板，你对自己今天所完成的工作满意吗？要知道，你当老板肯定希望员工像自己一样，将公司当成自己的事业，努力去完成每一项工作，更多地去考虑企业的成长，考虑企业的明天。如果你也这样地考虑问题，那你就能很快成为一名可以主宰企业的员工。

我们常常会看到，有不少年轻人把频繁跳槽视为能耐，将投机取巧当做本事。老板一转身自己就懈怠下来，没有监督就不认真工作，敷衍塞责，文过饰非，缺乏责任心和敬业精神。这种人一辈子都难成大事。因为他缺乏一种主人翁的心态。

俗话说："不要往自己喝水的井里吐痰。"这同样是一种最基本的职业道德要求。即使你仅仅把自己当成公司的普通员工，对于你所在的组织，都不要诽谤它，更不要伤害它，因为轻视自己所就职的机构就等于轻视你自己。

只有端正了心态，你才会感觉到自己的存在，只有端正了心态，你才会感觉到自己所做的一切都是那么的理所当然。有了以主人的心态工作的人，不管你的现在如何，都会比那些只把自己当作雇员的人更容易成功。

现实生活中有许许多多的人被工作所奴役着。他们经常抱怨工作乏味，或抱怨工作过于紧张。对他们来说，工作是被逼的，如果可以，放长假是他们最希望的。很少有人将工作看作是一种乐趣，看作生活的意义。

实际上，成为工作的主人或者是奴隶，与我们的工作目的有关。不管是为了老板还是为了金钱而工作，我们都会成为工作的奴隶。为了老板而工作，老板是否在场会影响我们的工作；为了金钱而工作，钱多钱少会影响我们的工作。为其他因素诸如名利等也都如此，我们无法成为工作的主人。只有将工作视为人生的价值、人生的欢乐时，我们才有可能成为工作的主人。

在很多人看来，只要他们得到财富、权势、名誉、利益之后，快乐也就会自然而然地随之而来，于是终日魔鬼般地工作，以取得财、权、名、利，但是等到他们耗费毕生精力之后才恍然大悟，快乐非但没有来，反而换来了诸多的痛苦。其实，快乐只是一种生活的态度，一种内心的感觉，快乐原本很简单，并不需要费太大的精力甚至将自己沦为工作的奴隶去获得。

工作不只是为了一份薪水，为了养活自己和家人，它除了满足物质上的需要之外，也可以寻找精神上的充实。首先要端正心态：工作不是你的敌人。如果你觉得日复一日的工作枯燥无味，每天需要完成的任务是心理的重负，面对形形色色的人时非常烦闷，而面对一件又一件的问题，你又越来越丧失信心和勇气。这样的话，你就是把工作看成了自己的敌人。

第四周星期三
· · ·
提高沟通效率

事业上的成功需要和人合作，合作需要有良好的沟通，沟通需要的是技巧和智慧。学会与人有效地沟通，就可以轻松地实现我们的许多目标与抱负，使我们的工作取得显著进展，使日常的工作计划圆满完成。

加强沟通的主动性

> 与人交谈一次，往往比多年闭门劳作更能启发心智。
>
> ——列夫·托尔斯泰

在工作中，主动加强沟通十分必要。那些傻傻地等着上司和同事主动找你沟通的人，往往成为职场的失败者。有很多人出于种种原因不敢与上级沟通，其实这些想法并不理智。一定要明白，上司也是普通人，他最大的愿望是更好更快地完成任务，而不是故意刁难下属。

威廉的第一份工作就遇到一位"工作狂"上司，下属的压力自然也很大。他身边的同事一个又一个难负重荷，纷纷"逃离"，而威廉却能始终保持极佳的工作状态，他是怎么做到的呢？

威廉说："开始我也像他们一样以办公室为家，日日夜夜伏案工作，在我的字典里休息这个词似乎早就不存在了。后来我发现，老板通常有一个思维定势：他们一般疏于考虑自己分配下去的任务量有多少，下属需要花费多长时间可以搞定，他们想当然地认为你应该没问题。"

"所以，以后如果我觉得工作量过大，超出了个人能力所能达到的范畴时，我不会一味投身于工作中蛮干，要知道，不说出来的话，工作狂的老板是不会体会到你的负荷已经到了警戒线的。这也不能怪他，每个人的承受能力不同，老板又如何能体会到下属执行当中的难度与苦衷？

"这个时候，下属应该主动与老板沟通交流，口头上的陈述困难是不是有点故意推托之嫌？不如书面呈送工作时间安排与流程，靠数据来说明工作过多，让他相信，过多的工作令效率降低，工作完美度会直线下降。合理正确地沟通会令老板了解你的需求，适当调整任务量及完成时间，或选派更多的同仁来帮你分担。"

有的人听到自己失去了一次本该到手的晋升机会，就怒气冲冲坐卧不安，随时准备找人评评理，总想"讨个说法"。这种情绪化的行为虽然在自己看来是情理之中，善解人意的旁观者在换位思考之后也可能会表示非常理解，但在大多数人眼中，这样的做法无疑会成为减分项。更重要的是，这种争吵并不能让你把工作做得更好。

因此，如果觉得上司对自己不够公正，首先要冷静几分钟，想一想他这样做的原因。而如果过于情绪化，就会对上司产生成见，这样只会使情况更糟。出现问题时心平气和地与上司进行交流，了解他的真实想法，顺应他的思路，冷静、客观地提出要求，远比简单地情绪化表示更有效。比如，你对自己的薪酬待遇不满意，就要列举出你付出的劳动和所得到的回报，并提出合理的付出和回报比，请上司告诉你没有获得更高薪酬的原因，而不是通过大吵一架的方式来解气。

春秋战国时，耕柱子是墨子的得意门生，但他挨墨子的责骂却是最多的。耕柱子为此感到非常委屈，他不理解自己做得并不比别人差，为什么老师偏偏总挑自己的毛病。一次，墨子又对耕柱子发火了，耕柱子忍不住问："老师，我真得就那么差劲，以至于您每天都要训我吗？"墨子听后不动声色地问："假设现在要去太行山，我是应该驱策良马呢，还是驱策老牛呢？"耕柱子答："当然是驱策良马。太行山路远，唯有良马可担此大任。"墨子笑着答道："我之所以时常责骂你，正是因为你能够担负重任，值得我一再教导匡正啊。"耕柱子恍然大悟，从墨子的解释中得到宽慰和激励，放下了思想包袱。

把这个故事放到现在，耕柱子就像是个业绩比较突出，却很少得

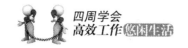
到上司表扬的年轻人，他在心理上一定承受着不小的困惑和压力。有人说没有及时与下属进行沟通是墨子这位一代宗师差点就犯下的大错，如果耕柱子在深感不平的情况下采取消极抗拒的态度甚至远走他方，墨子就会失去一个优秀的可塑之材，从公司的角度无疑就造成了员工的流失。但对于耕柱子而言，无论上司的做法得当与否，作为下属，都可以发挥自己的积极性去及时征求上司对自己的意见，了解上司的真实意图，或是消除上司对自己的误解。从这个角度而言，耕柱子在与上级沟通的问题上做得还是比较好的，他能够在矛盾激化之前就大胆地提出疑问，从而化解了自己的困惑和抱怨，避免了隔阂的产生。

和与上级的沟通的频率相比，同事间的沟通更加频繁。但是这种日常性往往会让人忽视主动与同事沟通的重要性。同时，在许多快速发展的成长型企业中，随着业务的拓展，部门设置越来越多，职责分工越来越明确，与之伴随的就是跨部门之间的工作越来越难以协调，常常影响公司整体运作效率。因此对沟通的更高层次要求是不要仅仅把自己接触的圈子局限在业务领域，还要努力去结识公司其他部门的同事。

如果企业没有相应的岗位轮换机制，你也可以积极参与到一些跨部门的合作项目或活动中。永远不要因为怕麻烦而"能不跟其他部门接触就不接触"，因为这种安于现状的思想会让自己逐渐被职场淘汰，越来越跟不上公司的成长速度。

有几个心理技巧可以帮助我们以积极的心态对待同事间的交往问题。

首先是冷静地面对批评。听闻别人的批评后，首先要隔绝敏感情绪，用缓慢平和的声音在脑海中重复语句，选择接收其中的实际信息。

其次是从容面对敏感信息，不少人在面对同事冷冰冰的嘴脸时，都会不安甚至失眠。遇到这种情况，可以对自己说："他的缺点是不懂得对别人好，我没有这个缺点，我更受朋友欢迎。"这样自我安慰可以让心情得以舒缓。

第三要坚信自己能进步。逆境容易让人感到无力，在面对重大工作挫折时，难免会心灰意冷，影响情绪和效率。在想好有效地解决办法之前，不妨多暗示自己一定能有好的方法，鼓励自己不要沮丧。

倾听是沟通的起始

自然赋予我们一张嘴，两只耳朵，也就是让我们多听少说。

——苏格拉底

大多数人在工作中都把精力花在学习如何能够更有效陈述发表自己的看法上，这样的做法其实是陷入了误区。良好的倾听——也就是主动、积极地探索、挑战他人提供的信息，以改善信息质量和数量的活动——才是建立良好沟通的关键。

倾听是取得信息最可靠、最有效率的途径，是工作沟通的起始。不懂得倾听的人无法从他人那里得到有效的信息，实际上浪费的是自己的时间，更不要说对人际关系的破坏。著名推销员乔·吉拉德在刚刚开始职业生涯的时候就遇到过这样的问题。

有一次，乔·吉拉德向顾客推销汽车，这位顾客对汽车的性能、外观、价格都比较满意，正准备付款。这时乔·吉拉德的同事走过来，兴奋地同他聊起了昨天的篮球赛，越说越起劲。等乔·吉拉德缓过神来，却发现顾客已经不见了。乔·吉拉德郁闷得百思不得其解，于是

大着胆子拨通了这个顾客的电话，想问个究竟。

顾客没好气地说："下午买车的时候，我与你谈论起我刚考上大学的小儿子，你一点兴趣都没有，只顾和你的同事眉飞色舞地谈论篮球。那可是我们全家的骄傲，你让你的同事买你的汽车好了。"此时，乔·吉拉德终于明白了原来是自己忽视了倾听顾客的话，结果功亏一篑，整个下午的时间都浪费掉了。

尽管倾听很重要，但大多数人对倾听的意义仍然模糊不清。员工和上司沟通，上司一直在说，员工一直在记，这不是倾听；客户和服务人员沟通，客户一直在说，客服则"嗯嗯啊啊"地应付，这也不是倾听。

"听"是从出生那一刻开始就拥有的感官能力，是人的生理反应。只要是听觉正常的人均能够"听"。但是"倾听"则不然，是比"听"更高一级的活动，是人的思维和生理活动的结合。"倾听"是认真地听，是积极地听，并且听完之后还要运用逻辑思维来对所听见的信息进行加工理解。这是个主动参与的过程，需要倾听者思考、理解信息并做出反馈。

沟通是双向的，所以你在倾听别人的时候也就意味着你获得了别人听你倾诉的机会。倾听还是一种鼓励别人的好方式、好方法。一个善于倾听的人当然更容易捕获别人的心，下属得到了上司的倾听自然能激发工作热情，从而更卖力地工作；懂得倾听上司指示的下属也更容易获得信任和重用。当你在倾听别人的成功的经验或者是失败的教训的同时，自己也增加了见闻和知识，在你所知道的知识的基础上，你便可以吸收融合自己需要的知识来提升自己。

倾听有三个层次。第一级是"听而不闻"，也就是心不在焉地听。那些说着"嗯，嗯"的人，看起来心不在焉，很显然对别人的话毫无兴趣。在这个层次上，听者完全没有注意说话人所说的话，貌似在听，其实却在考虑其他毫无关联的事情，或内心想着辩驳。他更感兴趣的不是"听"，而是"说"。这种层次上的倾听可能会困扰、惹恼、甚至激怒说话者，导致关系的破裂、冲突的出现和拙劣决策的制定。

第二级是"仔细听"，就是为解决问题而听。此类聆听的目的是为了将事情完成，解决问题的听者之所以听，是为了事情能有所进展。在这个层次上，听者主要倾听对方所说的字词和内容，但很多时候还是错过了讲话者通过语调、身体姿势、手势、脸部表情和眼神所表达的情绪。这将导致误解、错误的举动、时间的浪费和对消极情感的忽略。如果人们接受解决方案，这就是正确的方法，但如果一厢情愿提供别人不想要或不需要的"补救措施"，对方就可能会感觉沮丧、受到误解，甚至感到厌恶。另外，因为听者是通过点头同意来表示正在倾听，而不用询问澄清问题，所以说话人可能误以为所说的话被完全听懂理解了。

第三级是"用心听"。处于这一层次的人表现出优秀倾听者的特征。这种倾听者在说话者的信息中寻找感兴趣的部分，他们认为这是获取新的有用信息的契机。高效率的倾听者清楚自己的个人喜好和态度，能够更好地避免对说话者做出武断的评价或是受过激言语的影响。好的倾听者不急于做出判断，而是感同身受对方的情感，他们能够设身处地看待事物，更多的是询问而非辩解。这是心灵相通地听，是聆听的最高层次，而且是所有人都渴望的人性化倾听。它代表用心倾听别人内心的想法，听到的是别人的话，不是自己的话。这样的相互了解也是人们之所以能建立真正和谐关系的基础。

倾听的指导原则，是在交谈过程中，80％的时间由对方说话，自己说话的时间只占20％。此外，应尽量让说话的时间有意义，也就是

尽量用说话的时间问问题，而非表达自己的看法。不善倾听者要不就是把对话当作是宣扬个人想法的机会，要不就是花比较多的时间思考下一个回复，而非真正倾听对方说话。

不能保持安静，就无法倾听，而要抑制说话的冲动并不容易，毕竟大多数人天生都有直言不讳的倾向。但伴随着耐心和练习，可以学会控制冲动，改善对话的质量和效率。有些人天生就知道如何在"表达"和"打断"之间划下清楚界线，但大多数人必须靠后天努力才能做到。虽然对话时有不时问问题打断的必要性，以将对话引回正轨或加快进行。但不要太过匆忙，要有意识地思考何时打断，何时保持中立、不带情绪地倾听，尽可能延后反驳、避免打断对方的话。

倾听与工作的效率及成败有着密切的关系，是一种无形的竞争力，善于倾听的人会占据要职，不善于倾听者最终将被淘汰。

学会信息反馈

推心置腹的谈话就是心灵的展示。

——温·卡维林

一个完整的沟通过程是这样的：首先是信息的发生者通过"表达"发出信息，然后信息的接收者通过"倾听"接收信息。对于一个完整、有效地沟通来说，仅仅这两个环节是不够的，还必须有反馈，即信息的接收者在接收信息的过程中或过程后，及时地回应对方，以便澄清"表达"和"倾听"过程中可能出现的误解和失真。反馈是让沟通顺利进行的必要条件，然而人们常常忽视传递和接收反馈信息。

反馈分为正面反馈与负面反馈两种。当别人在说话的时候，你做出摇头、点头的肢体语言或者发言，都是对发言者的一种信息反馈，这就是正面反馈。通过你的表现或者言语，会使发言者了解到自己所说的你听了多少、明白了多少或者是领悟了多少。这是我们工作过程中必不可少的沟通。比如，上司在分配任务或者下达某项任务应该达到的目标的时候，你用自己的方式向你的上司表达了"我懂了"的意思，那么，你的上司从你那里接收到你的反馈信息之后，才会放心将任务交给你去做。

负面的反馈，即耐心、具体地描述不当的行为或者表达自己不同于领导或者同事的意见和看法。这种反馈是对事不对人，并且还要注意措辞委婉。表达自己的想法的时候不是判断或者指责，而是应该客观、准确，不带任何感情色彩的描述。例如，大家可以聚集在一起就某一个问题进行探讨和讨论，提出几个方案以及各个方案的利弊。

反馈要站在对方的立场和角度上，针对对方最为需要的方面给予反馈。例如，在绩效考核中，下属渴望知道上司对他工作和能力的评价，并期待上司能为自己指明下一步努力的方向。如果作为上司的经理人，在绩效考核之后不反馈，或者轻描淡写地说一下，就会挫伤下属的积极性。

反馈应当具体、明确。比如"小李，你的工作真是很重要啊！"这种表述方式很空洞，小李也不知道为什么自己的工作就重要了，从而不能真正给对方留下深刻的印象。这是错误的反馈。正确的反馈应当是："公司公文和往来信函，是一个公司素质高低的表现，代表着一个公司的水平、精神和文化。小李，你的工作很重要。"这种反馈就不是空洞的、干巴巴的说教，而能起到事半功倍的效果。

反馈一定要有建设性。人们容易武断地对别人的意见或想法下结

论，比如有的往往带着批评或藐视的语气说："你的想法根本就行不通！""小伙子，你还是太年轻了！"等等，弄得别人很没趣，结果挫伤了别人主动与你沟通的积极性。如果我们换一种态度，以建设性的、鼓励的口气给出反馈，效果就会不同，比如："小王，你的意见很好，尽管有些想法目前还不能实现，但是，你很动脑筋，很关心咱们部门业务的开展，像这样的建议以后还要多说啊！"

积极的反馈要就事论事，忌讳涉及别人的面子和人格尊严，带有侮辱别人的话语千万不要说，比如："你是猪脑子啊，没吃过猪肉还没有看过猪走"之类的言语，只能加深双方的敌对和对抗情绪，与最初的沟通愿望适得其反。

反馈的目的是促进更加深入地沟通，更好地解决问题；而不是为了指责某个人，因此，在工作中我们要正确地看待别人给你提出的意见和建议。别人之所以愿意讲出你工作中的缺点，是因为对方希望你能在这些方面得到改进，从而获得更大的进步。千万不要抱着怨气，觉得别人是在挑剔你的工作，甚至怀疑别人心存恶意想故意刁难你。当别人给你提出意见时，你应该抱着虚心的态度，着眼于对方所提供的信息的积极面，积极地发现自己的不足并且加以改正。学会接受反馈信息，绝对是自己成长的营养大餐。一旦没有人给你提出建议和意见时，你的成长也就戛然而止了。

接受反馈是反馈过程中一个十分重要的环节，在接受反馈时应该做到以下几点：

首先，耐心倾听。接受反馈时，一定要抱着谦虚的态度，以真诚的姿态倾听他人反馈意见。无论这些意见在你看来是否正确和是否中听，在对方反馈时都要暂时友好地接纳，不能打断别人的反馈或拒绝接受反馈。打断反馈包括语言直接打断，比如："不要说了，我知道了！"也包括肢体语言打断，比如不耐烦的表情、姿势等。如果你粗鲁地打断别人对你的反馈，其实就表示着沟通的中断和失败，你了解不到对方更多甚至更重要的信息。

自卫心理是每一个人本能的反应。对方在向你发出反馈时，如果仅仅站在自己的立场，挑肥拣瘦地选择是否接受，一旦听到对自己不利、不好或不想听的东西，就急忙脸红脖子粗地去辩解和辩论，明智的另一方会马上终止反馈。

别人对你反馈之后，自己要有一个明确的态度，比如理解、同意、赞成、支持、不同意、保留意见、怎么行动等。不明确表示自己对反馈的态度与意见，对方会误解你没有听懂或内心对抗，这样就会增加沟通成本，影响沟通质量。

第四周星期四
· · ·
掌握沟通工具

现代沟通工具五花八门，在给人们带来方便之余，也彻底改变了工作的方式。但是，并不是所有的沟通工具都适用于你的工作。选择沟通方式的出发点不能仅仅局限于其方便与快捷，而更应该考虑其是否能够真正地解决问题。只有正确地运用了沟通的方式，才能使自己的工作达到想要的结果。

怎样使用电话

> 企业里的员工在经过三年的体验与洗礼之后，才能胜任回答外界电话查询的工作，因为一通电话很可能造成许多事情的影响。
>
> ——丹·希思

电话的发明虽然方便了人们交流与沟通，减少了通信的时间，但由它所带来的干扰问题却又显得日益突出。电话所产生的干扰，不仅带来了时间上的浪费，而且也严重影响了我们的工作效率。

人的心理非常复杂，这是人之所以受到电话干扰的主要原因。一般的人通常都会害怕冒犯别人。大多数人之所以在不该接电话的时候接电话，是因为他知道如果不接电话会让来电者觉得不愉快。尤其是做管理工作的人，你一定希望与外界保持消息灵通，不想漏掉任何信息。许多管理者在秘书接电话时，也会下意识地停下工作，洗耳恭听。

心理学家认为，接电话的强烈欲望并不是来自电话本身，而是来自接电话人的心理。人经常有一种错觉：不管来电者想要做什么，他的需要都比你当时所做的事都重要。正是这种错觉导致了人们在电话上浪费时间的不良习惯。有时别人打电话来向你索取资料或者信息，你顿时就会有一种身价倍增的奇妙感觉，这种感觉叫自我膨胀。还有些人天生就是交际专家，他们根本无法抗拒社交的诱惑，把每次通电话变成社交活动的工具和现成的借口。如果他不愿意承担某项艰巨或乏味的工作，接听电话便可以成为光明正大的拖延时间的借口。有些人在接电话时喜欢磨磨蹭蹭，结果等他们抓起话筒时，对方却挂断了。

他们拒绝亲自按钮接听，宁愿浪费许多时间来表示他们绝对不先接电话。总之，电话占去了我们许多时间，因此如果能把这项活动控制好，其他的事情便也能安排得井井有条了。

为了节省通话时间并获得良好地沟通效果，打电话之前需要认真斟酌通话的内容，做到"事先准备、简明扼要、适可而止"。在通话之前，就应该做好充分的准备。最好把对方的姓名、电话号码、通话要点等通话内容整理好并列出一张清单。

当电话接通之后，通话内容一定要简明扼要，最忌讳吞吞吐吐，含糊不清。打电话时，尽量先讲重点，如果时间允许的话，再谈一些其他的事。可是有些人往往在讲到主题之前，先闲聊五六分钟，这样做不但浪费自己的时间，也在浪费对方更为宝贵的时间。经过简短的寒暄之后，就应当直奔主题。

每次通电话，都应该是为完成一些事情服务的，如果你现在不能从对方那里得到你想要的、确定性的答案，你必须要进一步问清楚他什么时候可能给你答案，如果对方不能回答你，你必须问他什么时候可以给你确定的日期。如果他连这一步都做不到，你干脆就挂断电话，别再想这回事了。因为任何进一步追问，往往都只会浪费你的时间。有时打电话，并不一定非要实现一次双向沟通不可。比如，要通知对方一些事情，而不是要跟他交换意见或讨论问题，你只需把要说的话详细地留给他就行了，不必要求对方回电。

电话来了，怎么接、何时接等也是比较有讲究的。最完美的接电话时机是在电话铃响的第三声接起来，这就是常说的"铃声不过三"原则。如果你在电话第一声铃响后就接起来，对方会觉得很突然或觉得似乎你知道他要给你打电话。如果你在电话铃响了很多次才接，对方就会怀疑你是否愿意接听他的来电或者猜测别的原因，引起对方的不悦。

考虑到有拨号错误的可能性，接起电话后的第一句话与其说"你

好"，不如直接自报名号，避免再次询问而浪费时间。如果电话要找的人正在忙着其他事情不能抽身，不要只告诉对方那人不在或正忙，要告诉对方你想怎样帮助他。

放下手头的工作，左手拿听筒，右手做好记录准备，专心致志地听对方讲事情；不要在接听电话的同时做其他事情。转接电话的过程中，要捂住话筒，使对方听不到这边的其他声音。重复和确认是电话沟通中非常重要的技巧之一，以避免误会，或遗漏重要的信息。

一旦要传达的信息已经说完，就应当果断地终止通话，不要反复铺陈，再三絮叨，这样会让人觉得你做事拖拖拉拉，缺乏素养。如果必须中断通话，对方又是很熟的朋友，那你就可以开门见山地跟他说你现在必须离开，或是等会儿再打给他。但是如果你与对方并不熟悉，那你就说："现在外面正在等我开会，这个会早在十分钟以前就该开始了……"或者说："我现在又有一通从美国打来的长途电话，而这个电话事关重大。"

在通话结束前，表示谢意或表示"再见"之类的礼貌用语是必需的，同时还要让对方感受到你非常乐意帮忙。挂电话谁先谁后也可能影响到被尊重与否的问题。按照电话礼节，通常由打电话一方先放电话，但如果对方是顾客，应让对方先放电话，或待对方说完"再见"后，等待3秒钟再轻轻挂断电话，以示尊重。无论通话多么完美得体，如果最后毛毛躁躁"咔嚓"一声挂断电话，都会功亏一篑，令对方很不愉快。

电话是一种双方不见面的沟通方式，它通过电话线或电波来传递信息，但千万不要以为电话那端的人看不到你的表情和神态你就可以随便。如果你的语言和声音礼貌热情，就会给对方留下良好的印象。与人沟通要换位思考，关注对方的感受。所以，无论是接电话、打电话还是转电话，在拿起电话前，你就应该准备好微笑，让每一次电话沟通都带给对方开心和愉快，让每次沟通都有成效。

如何书写工作信函

只要有可能，资料应该从发送者直接传递给接收者。

——大卫·柯克派崔克

在工作中，给顾客提供产品信息或服务，说服客户购买产品或服务，与政府机构沟通，宣传企业形象时一个必不可少的工具就是信函。书面信函是一种很好的沟通手段。信函的接收者会认为自己是对方比较重要的客户或者是比较尊敬的上司，同时双方的沟通也会更加友好，不会产生尴尬的局面。虽然信函随着现代通信技术的发展运用得越来越少，但书面信函的作用并不可小视，有时一封精心书写的书面信函是获得成功的关键，会给你带来意想不到的效果。书面信函沟通有很多好处，合理地利用它们将帮助我们提高工作效率。因此，需要我们在使用的过程中注意方式和方法，使其发挥真正的作用。

信函格式一定要正确。格式错误的信函在收信人看来，仅仅是一封完成任务的信件，没有任何价值可言，特别是商务信函。商务信函写作水平的高低直接影响到对方对你所在公司的评估。因为每一份信函、邮件或者传真，都代表着公司的形象、水平和实力。用正确的格式书写书面信函是书面沟通最基本的原则，也是最重要的原则，它能帮助沟通的双方顺利完成工作。

中文商业信函一般由开头、正文、结尾、署名和日期 5 个部分组成。

（1）开头写收信人或收信单位的称呼，称呼单独占行、顶格书写，称呼后用冒号。

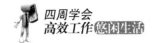

（2）正文是书信的主要部分，叙述业务往来联系的实质问题，通常包括向收信人问候，写信的事由，该信要进行的业务联系，提出进一步联系的希望、方式和要求等。

（3）结尾往往用简单的一两句话，写明希望对方答复的要求。如"特此函达，即希函复。"同时写上表示祝愿或致敬的话，如"此致"、"敬礼"、"敬祝健康"等。祝语一般分为两行书写，"此致"、"敬祝"可紧随正文，也可和正文空开。"敬礼"、"健康"则转行顶格书写。

（4）署名即写信人签名，通常写在结尾后另起一行（或空一两行）的偏右下方位置。以单位名义发出的商业信函，署名时写单位名称或单位内具体部门名称，可同时署写信人的姓名。重要的商业信函，为郑重起见，也可加盖公章。

（5）写信日期一般写在署名的下一行或同一行偏右下方位置。商业信函的日期很重要，不要遗漏。

便函属于内部沟通方式，没有发函地址、回信地址或称谓，也不需要签名，但通常写便函的人会在最后写上自己名字的首字母。所有便函基本上都有简单的统一格式：便函、发件人、收件人、日期和主题。正式便函的收件人最好写上接收者的全名和头衔，主题要具体、简洁、准确，让读者一看主题就知道内容，避免浪费时间。写作时，注意内容段落可以是完全齐头式，也可以用半齐头式，只要内容连贯就行。便函通常很短，说清楚你需要说的就应结束。许多单位都用事先打印好的便函专用纸。

电子邮件的格式与一般信函差不多。需要注意的是，电子邮件的群发功能是经常使用的，所以除了写明"收信人"之外，还要注意"抄送"的部分。抄送可以写很多人。但是，必须按照收信人的职位高低，以对方为尊的顺序填写。

人们的时间都是非常有限的，因此，书面信函要尽量增强其易读性才能赢得自身的生存空间。易读性可以从很多方面来提高，比如改善排版格式，增加页面中的空白，这样可更直观地展示文章的组织结构和段落划分，突出重点，更有利于展示观点；缩短文章段落的长度以方便读者的阅读；使用精练、准确的标题使读者一眼就能看出文件的组织方式，迅速找到自己的"兴奋点"；列序能使文章重点分明，同时视觉效果明显；有效的边距以及字体效果的选择也可以起到缓解视觉疲劳的作用。还有一个需要强调的是，在撰写英文信函时，千万要注意英文大写字母的使用。因为大写字母很难让人第一眼就看出单词结构，这样会给对方理解文章内容带来一定的困难。

任何沟通的结果都依赖于接收者。因此，当你准备发送信息时，必须要考虑对方的态度或者期望和困难，站在对方的角度考虑问题，这样会大大减少误会的发生。

简洁的文字会节省信息发送者和接收者的时间和费用。简洁是用最少的语言去表达最准确的想法。简洁重在强调，通过去掉不必要的词，把最重要的内容呈现给读者。不要试图用复杂的词汇影响读者，但是也不要过于简单，或不加考虑地用词。只要能准确地表达意思就尽量用简短的词汇。写作要清楚、简洁、连贯、正确，要有策略、有说服力地提供信息。写作要对"谁、什么、哪里、为什么、如何"等问题给出答案。书信的内容要有事实根据，而不是凭主观愿望或没有根据的臆想。

内容不详或者错误都可能导致我们需要再次同信解释，这样不但浪费了自己和客户的时间，同时还会增加公司的经费，影响公司的形象。因此，在动笔写信函之前将材料信息搜集组织完整是写作的关键。

组织材料可以采用列表或提纲的形式。其实方法并不重要，重要的是通过这些方法，可以保证回复的信息完整。另外还要确保信件清楚、具体，基本的语法要正确。为此，在最后发送信息之前，你一定要检查、核对清楚。

利用图表撰写报告

> 有效的沟通取决于沟通者对议题的充分掌握，而非措辞的甜美。
>
> ——安迪·葛洛夫

工作报告是领导与下属之间必不可少的一种沟通中介。领导没有时间听取每个下属的工作汇报，但是如果写成工作报告的形式，就可以利用自己的闲暇时间安排阅读每一篇报告。工作报告写得好，就能较好地反映员工的工作水平和能力，并且能因此赢得领导的支持。所以工作报告是主动沟通的重要手段，所以，如何又快又好地写出高质量的工作报告是工作中的必修课。

工作报告不是自由创造，不是自认为很优秀就可以的。工作报告要写到要点，例如你最近做过什么，工作过程中有什么成就，遇到什么问题，等等，都应该在报告中清楚地列举出来。否则，无论多么华丽的辞藻组建起来的报告也是毫无用处的。

无论是主动汇报还是被动汇报，首先你都应该领悟领导为何要求自己上交工作汇报，要吃透领导到底想从这份报告中看到什么。对于领导最关心什么、最重视什么、最想听什么等问题要做好深入地研究方可动笔，围绕这样的问题作重点汇报，这样容易引起领导的兴趣。一般来说，上级领导看工作报告都有一定的目的性，所以一定要按领导的要求准备汇报材料，切忌偏离主题、答非所问或缺漏汇报内容。报告中尽可能地闪现出自己的思想亮点。报告材料一定要围绕领导分配给你的工作来写。如果不把上级要求弄清楚，单凭主观愿望去写，很可能会出现领导想听的没写到，不想听的笔墨用了不少，结果只能劳而无功。

汇报材料一般包括工作开展情况、工作成绩、存在的问题与建议、今后的打算等内容，但整个材料如何布局、怎样安排，先写什么、后写什么，要仔细推敲、精心斟酌，尽量把情况说清楚，把成绩汇报充分。文章是一幢房子，提纲就是房子的骨架。提纲的拟订，直接关系到文章的成功。有好多人写作不喜欢拟提纲，认为是浪费时间，其实恰恰相反。有一个好的提纲，文章基本上就成功了一大半。提纲要越详细越好，最好能细到每一个自然段的小标题。另外组织自己的文字和材料，关键一点还是要实事求是。虚报、假报不会给你的工作带来任何好处。同时，汇报材料一定要注意做到层次清晰、结构合理。

写报告时，很多人觉得无从下手，不知道写什么为好。这个时候资料最为关键，掌握了大量足够的资料就不怕写不出内容，更不存在空洞、文笔干涩的问题。资料搜集贵在平时。在平时的工作中，我们要做有心人，随时注意搜集各方面可以作为工作报告素材的相关资料。资料搜集齐全后就要认真消化，要全面浏览所有资料，并分出主要和次要的资料。次要的资料浏览一遍，有一个大体印象，需要参考能知道到哪里去找就可以了；重要的资料要反复看，吃透精神，掌握思想，还要留在手边，在写作中随时参考。

在工作报告中运用图表，是提高汇报效率的捷径。图表是一种用来传递和表达信息的工具。由于人类的左右脑分工不同，绝大多数人物规划都是通过左脑的逻辑思维功能来完成的，这样不仅加重了左脑的负担，而且浪费了右脑的能力。而将右脑的形象思维能力与属于"线性规划"的时间控制作业结合起来的唯一途径就是利用图表。通过

图表，人可以在几秒钟之内了解整个任务的执行状况，如果通过文字则需要更长的时间。而且文字描述的内容与任务的复杂性是成指数变化的，也就是说，任务的复杂程度提高1倍，描述它的文字长度就要提高3倍，而用图表描述只需要提高1倍就可以了。

第一次世界大战期间，美国工业在转向战时生产方面进展得并不顺利，供应物资的私人工厂分散在全国各地，政府机构却不能有效地协调它们的生产。物资不能按期运到，仓库里堆满了货物而且杂乱无章。1911年，甘特和埃默森等人受委托研究海军造船厂的组织管理工作，他们对如何掌握各个部门的庞杂的工作进行了反复的思考，然后提出了他们看法：根据数量来安排时间是错误的，时间才是制订所有计划的基础。甘特提出的解决办法是绘制一张标明计划和控制工作的线条图，管理人员能够从图中提供的信息中看出问题，以便使工程赶上计划的安排或者延迟货物的运输时间，还可以将预计完成任务的日期告诉管理者。

图表要简单明了，所要表达的信息务必要一目了然。也就是说越复杂的图表，其传递信息的效果就越差。因此，如果你试图用相同的图表表达不同的信息时，最好的处理方法就是重画几张。

学会撰写工作报告，不仅有利于与领导之间的主动沟通，也可以为自己安排工作计划、审查工作进度提供便利。每天绘制一张工作报告图，不仅可以使我们对自己的目标更加清晰，而且当一天的工作结束时，检查当天的图表，就会很容易地发现哪些工作还没有完成，哪些工作还可以做得更好，从而使自己的积极性能够充分地发挥出来。每天抽出几分钟，对当天的工作和图表的内容进行小结和回顾。这个习惯只需要几分钟，却能使你拥有最高的效率。

然后每个月给自己写一份工作报告，把自己想象成领导，一段时间之后，你就会养成主动工作的心态，成为高效工作者。

第四周星期五

拓展人脉

　　人脉体现人的社会关系，不论做什么行业，人人都会使用人脉。经营人脉资源的根本原则是互利、互赖、诚信、分享和坚持。在拓展人脉资源的过程中，要注意人脉的深度、广度和关联度，特别是要注意维护那些对职业和事业生涯能起到核心、关键、重要、决定作用的核心层人脉资源。

经营人脉助你成功

一个人永远不要靠自己一个人花100％的力量，而要靠100
个人花每个人1％的力量。

——比尔·盖茨

让我们先来看这样一个故事：

一个小男孩在他的玩具沙箱里玩耍，发现了一块巨大的石头。于是，小男孩开始挖掘石头周围的沙子，企图把它从沙子中弄出去。虽然石头并不算大，可是对于一个小男孩来说已经相当大了。小男孩手脚并用，费了很大力气，终于把大石头挪到了沙箱的边缘。不过，他发现自己根本没有力气把大石头搬出沙箱。他用手推，用肩拱，一次又一次地努力。可是，每当刚刚有一点进展的时候，大石头就又滚回原处。最后一次努力时，大石头滚回来砸伤了他的手指头。终于，小男孩再也忍不住了，大哭起来。这时，父亲忽然出现在小男孩的面前，温和地对小男孩说："儿子，你为什么不用尽你所拥有的全部力量呢？"

小男孩十分委屈地说："但是，我已经用尽我的全部力量了。"

"不对，儿子。"父亲亲切地说，"你并没有用尽你所拥有的全部力量，你并没有请求我的帮助啊。"说完，父亲弯下腰，抱起那块大石头，把它搬出了沙箱。

要想在工作中找到正确的工作方法，单靠个人的努力是不够的，很多时候还需要别人的帮助，有的时候你需要竭尽全力才能完成的工作，在别人看来只是举手之劳。这时候，良好的人际资源就成为提升工作效率的保障。

众所周知，四通八达、错综复杂的血脉网络是人的生命赖以存在的基础。血脉系统运行不畅，轻者供血不足，头昏脑涨，四肢乏力，重者血脉淤塞，血液循环中断，危机人的生命。

在人们追求事业成功和幸福快乐的生活过程中，同样也存在一个类似血脉的系统，我们称它为人脉。如果说血脉是人的生理生命保障系统的话，那么人脉则是人的社会生命保障系统。常言说"一个好汉三个帮，一个篱笆三个桩"，要想做成大事，必定要有做成大事的人脉网络和人脉支持系统。

美国斯坦福研究中心曾经发表一份调查报告，结论指出：一个人赚的钱，12.5％来自知识，87.5％来自关系。没有人可以靠一己之力取得成功，再聪明、再能干的人也需要借助他人的力量，连世界首富也不例外。比尔·盖茨成为世界首富，是因为他掌握了世界的大趋势以及他在电脑上的智慧和执著。但是，比尔·盖茨之所以成功，除这些原因之外，还有一个最重要的原因，那就是比尔·盖茨遇到了一些"贵人"。

比尔·盖茨创立微软公司的时候，只是一个无名小卒。后来，他借助了一些"贵人"的力量，不断地获得了大的发展。

第一个贵人就是比尔·盖茨的母亲。比尔·盖茨 20 岁时签到了第一份合同，这份合同是跟当时全世界最大的电脑公司 IBM 签的。当时他还是个在大学读书的学生，没有太多的人脉资源。他怎能钓到这么大的"鲸鱼"？可能很多人不知道：原来，比尔·盖茨之所以可以签到这份合同，中间有一个介绍人——比尔·盖茨的母亲。比尔·盖茨的母亲是 IBM 的董事会董事，母亲介绍儿子认识董事长，这是很理所当然的事情。假如当初比尔·盖茨没有签到 IBM 这个合约，很难说他今

天能不能拥有几百亿美元的个人资产。

在生活中，你必须在银行里储蓄足够的金额。如果毫无储蓄，到需要用钱时，也就必然无钱可用，只有欠债了。但欠债总是要还的，到头来还会债务重重，压得你喘不过气来。人与人之间的关系也是这样。每个人的心中都应该有一个"银行"，都设有一本"人脉账户"。要知道关系无所不在，不经意的人事交往之中，就可能发展出很不错的关系，让你的"账户"越积越厚。

善于拓展人际关系的有心人，不论是洽谈公事时还是在私人聚会上，总是会掌握恰当的沟通时机。对这些有心人而言，会议室、酒吧、餐厅，甚至在澡堂里，处处都可以"增长见识"。跟人谈上一两个小时，一定可以学到一点东西。另外，出差、旅行也是拓展"关系"、提升沟通力的好机会，关键就在于能不能主动地创造出拓展人脉的机会。

有些人害怕主动与别人交往，还抱怨别人对她不理解、不接纳。这种心理特征就是心理自我封闭，与外界隔绝，生活在个人的小圈子里，难以与人交往。发展到一定程度，就会形成一种疾病。这些人给自己营造了一个"心理舒适圈"，把自己锁在了安逸的窝里，把外界想象得过于深不可测。其实外面的世界很精彩，尝试从你的"舒适圈"走出去，呼吸一下外面的新鲜空气，说不定有意外的收获。交际往往是一个圈子，一个由朋友组合的圈子。进入朋友的圈子，是我们很快进入交际角色的最好办法。一个人如果整天待在自己狭小的圈子里，如井底之蛙，当然不知道井口之外的天是多么的奇妙，但是和大家一起分享，把你知道的和他知道的汇合，那就不只是井口大的天了。

如何走出你的舒适圈呢？有米才成炊，"圈子"要靠自己一点点聚拢才能成型。号称"台湾第一报人"的高信疆先生在创办《人间副刊》之际，没人愿意为其投稿，只能自己"造米下锅"。但他坚持不懈，每天会写 20 封信，不管认识不认识，不管能否接到回信。坚持的结果是，"米多锅少"，就一再扩版，成就了以副刊带动整个报纸的辉煌。而他自己的"圈子"也同时扩大了规模。另外你可以推而广之，每天发 20 封电子邮件，不怕陌生、不怕不熟。联系多了，顺其自然就成了你"圈"中之人了。成功建立关系网的关键是和适当的人建立稳固的关系。很好的人际关系能提高你生活的情趣，让你了解周围所发生的一切，并提高交流的能力。

拓展你的交际圈

建立人脉关系就是一个挖井的过程，付出的是一点点汗水，得到的是源源不断的财富。

——哈维·麦凯

完整的人际关系包含三个阶段：发掘人脉，经营交情，获取帮助。无论做什么都是向别人传递信息的机会，一个懂得把握机会，同时又善于经营人际关系的人，最后才可能依靠人脉开创事业的舞台。

采取主动的姿态参与各种社交活动是拓展交际圈子的一个必然途径。我们可以选择一个社团，加入一个集邮社或健身俱乐部，等等。被动的方式最常见的是，旅途中，我们必须学会和陌生人相处。所以我们要乐于结交朋友，无论何时何地，如果有人想主动结识你，绝不要当场拒绝，而应马上作出友善的回应，向对方展示你的友善和真诚。永远记住，多善待一个希望结识你的人，你就能多增加一份人脉，并可能因此多得一次事业良机。

有个美国人叫彼克，他出生于贫穷的波兰难民家庭，在贫民区长大。他只上过 6 年学，只有小学文化程度。为生计所迫，他从小就干杂工、当报童。这样一个苦孩子，看起来命运十分惨淡。但是，他 13 岁时，看了《全美名人传记大成》后突发奇想，要直接和许多名人交往。他的主要办法就是写信，每写一封信都要提出一两个让收信人感兴趣的具体问题。结果许多名人纷纷给他回信。再一个做法是，凡是有名人到他所在的城市来参加活动，他总要想办法与他所仰慕的名人见上一面，只说两三句话，不给人家更多的打扰。就这样，他认识了社会各界的许多名人。成年后，他创办了《家庭与妇女》杂志，约请他所认识的许多名人撰稿，从而使这份杂志特别畅销。就这样，彼克自己也成了名人和富翁。

彼克是个聪明人，他的聪明主要表现在两个方面：第一，他了解到凭借自己的地位和经济条件很难取得成功，所以必须求助于贵人；第二，他知道要主动接近贵人，并且知道到哪里去寻找他的贵人。由于抓住了写信和名人做活动的机会，他成功地实现了自己的目标。

世界上没有陌生人，只有未结识的朋友。任何深厚的友谊都是由陌生向成熟的阶段培养而建立的。可以说，学会和陌生人交往，既是提高个人社交能力的需要，也是建立人脉的重要途径。大多数人都有不善于同陌生人打交道的习惯，比如，当我们赴一个规模较大的宴会的时候，大家都会有一种不约而同的想法，就是最好避免和陌生的人同席，因为和熟人同席就有说有笑，和陌生人就失去乐趣了。这种想法正是畏于交际的意识在作祟。

其实，所有的朋友都是从陌生到认识再到一步步发展成为朋友的。在陌生的宴会上主动与人谈话，通过互致问候、探讨共同关心的话题等方式自然就能说到一起，这时便可乘机询问各自的情况，由此认识许多人。之后，再和大家进一步套近乎，就很容易使这些人成为自己的朋友。美国前总统罗斯福是一个非常善于结交朋友的人。在一次宴会上，他看见席间坐着许多不认识的人，便想与这些人相识。于是，他找到一位熟悉的记者，从记者那里一一打听清楚了那些人的姓名和基本情况。然后他主动和他们接近，叫出他们的名字，并与他们谈论一些与他们的生活或工作有关的事。当那些人知道这位平易近人、了解自己的人竟是著名政治家罗斯福时，都大为感动。后来，这些人都成了罗斯福竞选总统的支持者。

在与陌生人的交往中，人们遇到的最多的问题通常是觉得"实在没有什么好说的"。这时，你不妨坦白说出你的感受。不管你怎么想，把你的感受向第一个似乎愿意洗耳恭听的人说出来，这个人可能就是你的知音。无论如何，坦白说出"我很害羞"或"我在这里一个人也不认识"，总比让自己显得拘谨、冷漠好得多。最健谈的人就是勇于坦白的人，如果你能坦诚相见，对方也会无拘束地向你吐露心声。

不过，人脉资源并不是多多益善。对于大多数缺乏处理人际关系能力的人来说，"宁缺毋滥"是一个普遍原则。尤其是那些具有"杂草"性质的人，切不可深交。

在人际交往中，首先要躲避忌妒心重的人。有的人之所以产生嫉妒，是因为他们有好胜心，总想出人头地，不甘居人之后；同时又缺乏必要的自信心和踏实进取的意志力。在这种自相矛盾的心理支配下，他们对超过自己的人总是不服气、怨愤，甚至采取不正当的手段来中伤、诋毁对方。

拘泥小事的人也很难相处。历史上凡成就大事的人，在小事上都不是斤斤计较的，都有着君子的雅量和宽容。很多人总爱在小事上争个输赢，而且没完没了，反而耽误了正事。

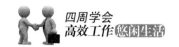
择友一定要在"良"字上下工夫。一个人无论地位如何，只要能与你真诚相处，道义上能互相勉励，当你有了成绩能与你分享，有了过错能严肃规劝你，就值得深入交往。这种以诚待人的朋友可称之为"挚友"，这种能指出你过错的朋友又称为"诤友"，这种能使你对真、善、美的事物更加向往，使你变得更高尚，更富有魅力的朋友，就是你应当苦苦寻觅的，并使你终生受益的"良友"。与这样的朋友建立起健康而真挚的友谊，会成为你前进的不竭燃料。相反，那种可能使你变得庸俗低下，使你思想品德退化的"朋友"，要趁早离开他。有些人总是想着巴结位高财多者，想沾沾光，而不顾及对方的品德如何，最后不仅仅被人利用，对自己的工作无益，还容易受到众人的鄙视。

维护人脉的基本原则

> 像爱自己那样爱别人，这就是确立人脉关系的要谛。
>
> ——原一平

人际关系是双向的，想获取别人的帮助，首先要去帮助别人。这就是"经营交情"的第一要义。

因制造咖啡用新奶酪而闻名的名古屋名乐公司的社长日比孝吉十分乐善好施。曾经有个人向日比孝吉推销一种无味大蒜技术。据说日比孝吉自己试过后感觉很好，于是就买下了这项技术。

有一次，一个朋友来要点儿过年用的咖啡。"那么，这个也给你，一起用着试试看。"日比孝吉顺手将无味大蒜也给了这位朋友一些。没想到这成了一个开端，越来越多的人得到了日比孝吉赠送的无味大蒜。

50 岁以上的人如果提出申请的话，就会无偿得到一盒 200 粒装的产品。很多人写信来说道："哪怕只付邮费呢？""不能白白接受啊！"日比孝吉对他们说："那样的话，就请多多使用本公司的产品，或帮助宣传一下我们的产品就行了。"

自从派发这种无味大蒜以后，名乐的营业额迅猛增长。一般的食品企业会拿出它营业额的 10% 左右来作为广告宣传费，但名乐一分钱也不用花。尽管日本经济很长一段时间都不景气，但名乐自从创业以来，销售额一次也没有下降过，这在日本是很罕见的。

善待他人是每个人必须做的事，这种"善待"有时并不是只靠心地善良就可以表现出来的，还有一些具体问题需要注意。帮助他人时，要尊重对方的人格和意愿，既不要过分热情，让他人心生厌烦，也不能将自己的主观意愿强加于人，甚至让对方有被怜悯、被救助的受辱之感。要善待所有人，而不仅仅是那些你认为可能成为贵人的人，因为那样做既有趋炎附势的嫌疑，又容易让一些貌不惊人的贵人与自己擦肩而过。要真诚地、实实在在地帮助对方，让对方感受到你的诚意。

交际应酬是为了维护人脉关系所必须要做的工作。应酬是不含有具体目的的社交活动，是人与人交往的一种沟通艺术。它存在于生活中的每一个角落里，是为人处世的一种非常重要的沟通技巧。懂得应酬，会给你的人际交往增添一抹亮色。日常生活中随处都需要应酬，如何把难办的事办好，把难应付的人应对好，用最短的时间，花最少的钱取得最好的效果，这不仅是一门学问，更体现了个人的智慧。应酬的学问和艺术不是一朝一夕就能学会的，所以要依靠经验的积累。

很多人都有忽视"感情投资"的毛病，一旦关系好了，就不再觉得自己有责任去维护它，特别是在一些细节问题上，例如该告诉的信息不告诉，该解释的情况不解释，总认为"反正我们关系好，解释不

解释无所谓"，结果日积月累，形成难以化解的积怨。可见，要避免
"无事不登三宝殿"的现象，"感情投资"就要经常实施，不可似有似
无，从生意场到日常交往以及求人请托，都应该处处留心，善待每一
个关系伙伴，从小处、细处着眼，时时落在实处。

有的人总怕麻烦，不愿打搅别人，一年半载也不会去朋友家做客。
但是，登门去拜访拜访老朋友，叙叙旧，说不定还能碰到新的朋友呢，
收获肯定会很大。

拜访的好处很多。在对方住处谈话比在公共场所气氛容易融洽，
使双方都在一种无拘无束的情调里面畅所欲言，并且比较容易接触到
彼此的私生活，给大家的友谊发展做了更进一层的铺垫。如果能够常
到对方住处去拜访，双方的关系会很快地密切起来。拜访朋友，会给
你带来很多的好处，但是拜访一定要选择在比较恰当的时间，不能搞
"突然袭击"，突然访问，容易给对方造成麻烦。尽量不要做"不速之
客"，不得已必须要突然拜访时，至少要提前 5 分钟打个电话。拜访应
按约定准时进行。访问必须守时，原则上必须提前 5 分钟到达。第一
次去的地方要留有充裕的时间。但在现实生活中去办公区域拜访应提
前 5 到 7 分钟到达，而去私宅拜访则尽量准时到达最佳。如因故不能
及时到达，应尽早通知对方，并讲明原因，无故迟到或失约都是不礼
貌的。

见面拜访时带上一些礼物也是应酬的必需。送礼，关键在于
"送"，而不在于"礼"。常言说，送礼要送到心坎上。礼物是感情的传
递物，是传送友谊的媒介。所以，我们在选择礼品时，应根据自己的
感情和心理来挑选礼物，也就是说要千方百计将自己的情感心理通过
特定的礼品表现出来，让对方在接受礼品时，能感受到你的一片深情
厚谊，即以物见情，以情感人。只有做到这点，才能使你的送礼行为

高尚、文雅、亲切、友好。送礼不仅要选对东西，看准时机，更要凭着十分真情，用真诚打动对方，这比礼物本身更有价值，也更容易赢得对方的心。但是，有些人常常忽略"礼轻情意重"的说法，只在乎礼品值多少钱，将"送礼"变成了"贿赂"。且不说此举有违法之嫌，就是受礼人也会认为你这是在"将本求利"，心里不免产生警惕，不再与你交心。

第四周星期六
· · ·
读书和音乐的魅力

经过了一周紧张的工作，又忙完了家务，该用什么样的活动打发剩余的休息时间呢？读书和听音乐无疑是最有益于身心的两种休闲活动。读书可以增加你的知识，陶冶你的心灵；音乐可以丰富你的精神，调节你的情绪。在优美的音乐中阅读一本好书，会让你的休闲时光变得更有意义。

阅读强壮你的头脑

> 一本书像一艘船，带领我们从狭隘的地方，驶向生活的无限广阔的海洋。
>
> ——戈特弗里德·凯勒

记得 20 世纪 80 年代，中国人几乎沉浸在读书的狂潮之中，无论是教授学者还是工人农民，每天都会抽出时间读些和自己的工作业务没有什么关联的闲书，如小说、散文、随笔、诗歌等，人们陶醉在闲书里，没有任何的功利性。在那个时代，人们总是不断地打听有什么样的好书可读，读书沙龙如雨后春笋般地出现。可惜的是，随着经济大潮的涌入，此后的很多年间，人们越来越没有心思读书了。据调查，我国从 18 到 70 周岁的公民每年人均阅读图书量不到四本半。正如新近获得诺贝尔文学奖的作家莫言所说，现在是"书越来越多，但书读得却越来越少。"

传统上认为"读书"与"学习"密不可分，具有很大的功利性。青灯黄页，正襟危坐，甚至不惜"头悬梁，锥刺股"。一旦功成名就，自然就不再愿意碰那令人生厌的"圣贤书"。其实读书是一种非常好的休闲方式。当你手捧飘着墨香的书籍沉浸于属于自己的闲暇时光里，身心变得放松，自在地和智者对话，体验书中的情绪，静静地享受书所带来的快乐。

欧阳修将他的读书地点归纳为"三上"，即马上、厕上、枕上，正是一种高级的休闲读书法。为了谋生的书是一定要读的，不然就会被社会淘汰，同时，在闲暇时间里读书可以不必太隆重。只要不是为了工作需要而读书，都不妨轻松点，随便地抓起一本，静静地去读，净化自己的内心。

当然，休闲性的阅读同样可以使我们增长知识。忽略了知识性的阅读就好像吃饭只注重口味却忽略了营养。亚伯拉罕·林肯出生在一个乡村小屋里，他的母亲会读书但从来不曾写过字，而他的父亲也仅能写他自己的名字。林肯 7 岁时开始上学，每星期只去学校两三天，接受正规教育的时间加起来也不到 1 年。但他非常喜爱读书，当其他小伙伴在山上玩捉迷藏的时候，他却手捧书本坐在树下阅读。虽然林肯连小学一年级都没毕业，但他 28 岁的时候就取得了职业律师的资格。这是因为他已经广泛地阅读哲学、科技、宗教、文学、法律和政治学方面的书籍。事实上，通过阅读，他自己授予了自己一个优秀的大学毕业文凭。这种依靠兴趣和求知欲的阅读显然是那种"两耳不闻窗外事，一心只读圣贤书"的枯燥学习不能比拟的。

读书多的人和读书少的人在个人素质、生活态度、思维方式以及处理问题的水平等诸多方面都存在着明显的差别，正因为这些差别造成了人生的巨大差距。那些文化层次比较低的人，以为应该读大学，应该系统地学习某方面的专业知识，这种想法也不完全正确。书有很多种，非专业书也同样能考查一个人的知识，也同样能提高一个人的文化素质。如果你看不懂那些"经典"、专业的书籍，先去读一些一般性书籍，这样时间长了，你也同样能成为一个了不起的人。

不要把书籍当作"不得不看"或"无聊"的东西。如果抱着这样的态度，你就会觉得更无聊。不要只接触固定主题或固定形式的读物。阅读愈多样化，吸收信息就愈多。对于内容不是非常专业的长篇文章，你通常可以精读每一段的第一行，就能掌握大意。另一个方法是只看

重点，略过说明和例子。

　　阅读时要找个舒服的姿势，但是别过于舒服。不要靠着床或是软沙发，只要一张桌子便可以让你的视线自然往下看到阅读的东西；同时这样也可避免你分心或眼睛过度疲倦的困扰。研究显示，许多人阅读时甚至会花上 10％的时间在翻页上，所以把你的一个手指头放在下一页，一旦读到这一页的最后，尽快翻到下一页。阅读时要排除一切干扰，包括噪音、光线不足、桌面凌乱、椅子不舒服等等，都会影响你的注意力。"专心"和"轻松的态度"不会互相冲突。除非你能充分放松，否则你无法真正专心，例如边读边想其他也必须在期限内完成的事情。读你感兴趣的书，或设法在你读的东西中找到乐趣，都有助于提高你的专心程度。

　　不要强迫自己用超过能理解能力的速度阅读。每个人阅读的速度不同，但是都可加以改善、提高。你的目标不在于成为最佳的速读专家，而是要把你的阅读技巧提高到最高程度。设定自我挑战的目标，计算你在 10～15 分钟之内可以读多少页，然后看是不是可以打破自己的纪录。一旦你习惯一种速度后，就可以加快阅读的速度。你的眼睛会渐渐习惯新的速度，但是千万不要快到让你的眼睛不舒服的地步，这样读得太快反而记得少，也有违休闲阅读的初衷。

音乐丰富人的精神

> 不爱音乐不配做人。虽然爱音乐，也只能称半个人。只有对音乐倾倒的人，才可完全称作人。
>
> ——格奥尔格·黑格尔

　　音乐自远古起源，伴随着人类发展，逐渐兴起并完善。音乐在人们生活中占有极大的地位。但很多人只是把听音乐当成娱乐项目，对音乐的好处没有深刻的了解。事实上，音乐作为一种以听觉艺术，在满足人们娱乐和审美需要的同时，对人的全面发展起着重要的作用，不仅能给人们提供一种精神上的享受，同时还可以表达我们的思想感情，鼓舞我们的意志。优美、轻松、愉快的音乐可以使我们心情舒畅、视野开阔；雄壮、激昂、奔放有力的音乐会使人意气风发、热血沸腾。音乐可以使我们的情绪由愉快变为悲伤，也可以使我们的情绪由悲伤转为愉快；它可以使精神紧张，也可以使精神放松。

　　音乐能陶冶人们的情操，对人的影响带有潜移默化的性质，能够激发人们的想象力和创造力。研究表明，正确的音乐既能消除人的不良体验，也能扩大人体感觉和体验的领域，还能使听音乐过程中出现的思维结构得以提高。

　　是不是所有的音乐都有助于健康呢？这不能一概而论。因为每个人的性格、爱好、情感、处境不同，因此对音乐选择也不同。根据中医的学说，五音（宫、商、角、徵、羽）的特性，正好与五行（金、木、水、火、土）有不谋而合之处，分别对五脏（心、肝、脾、肺、

271

肾）起到相应的刺激作用。宫音雄伟宽宏，具有"土"的特性，可入五脏中的"脾"；商音清净肃穆，具有"金"的特性，可入"肺"；角音属"木"，可入"肝"；徵音属"火"，可入"心"；羽音属"水"，可入"肾"。因此，情绪浮躁的"火"型人宜听羽乐，而处事优柔寡断的"木"型人则可用商音激励自己。依据个人的体质去选取适合的音乐，西方称之为"恰当的音乐环境"。古希腊哲人认为，一定的音乐调式应该具有伦理教化上和医疗上的价值。亚里士多德就说，拨浪鼓能帮助儿童发泄有破坏性的能量，利底亚（Lydian）调式音乐可以抚慰灵魂，尤为适合于少年儿童，而多利亚（Dorian）调式则具有勇敢的精神。

在古希腊时，学者就认为各种音调可激起不同的情绪：E调安定、D调热烈、C调和蔼、B调哀怨、A调高扬而G调浮躁。比较而言，C调最适于陶冶情操，而现代流行音乐大多以D调为主，会给人一种激动的感觉，时间长了会给大脑造成混乱，使人对事物的判断错误率上升。心理学家曾对3个不同的交响乐队的208名队员进行了分析。结果发现，以演奏古典乐曲为主的乐队成员，心情大都平稳愉快；以演奏现代乐曲为主的成员，70％以上的人患有神经过敏症，60％以上的人急躁，22％以上的人情绪消沉，还有些人经常失眠、头痛、耳痛和腹泻。

听音乐也要注意"平衡性"，就像食物中各种营养成分要合理搭配一样，即音乐的"阴与阳"、"静与动"、"强与弱"要协调。有利于心理健康的音乐必须符合以下两个标准：第一，低音厚实深沉，内容丰富；中、高音的音色要有透明感，像阳光透射过窗户一样，具有感染力。第二，音乐中的三要素即响度、音频、音色三个方面要有和谐感。

人的大脑会产生四种不同波长的电信号。频率在8至12赫兹间的α波，出现在人们情绪稳定，愉快、舒适的休息或冥想的时候。α波具有强化吸收、整理和记忆信息的机能，如果大脑调整到 α 波状态，人的注意力就会非常地集中，记忆力也处在最佳状态，思维敏捷且反应迅速，并且经常有灵感出现。而 β 波的频率是在 13 至 30 赫兹之间，人的大脑在感到厌烦、恐惧或焦躁或不安的时候，大脑就处于 β 波状态。这时人的行动力虽然敏捷，但由于脑力的下降，注意力很难集中，记忆力也明显下降，而且不容易产生有创意的想法。心理学家经过长期地研究，发现欧洲古典音乐能最有效地让大脑进入 α 波状态。在智商测试中，刚刚听过莫扎特乐曲的受试者智商会提高，这称为"莫扎特效应"。

清晨起床的时候，最好听一些节奏轻快、曲调优美、音域宽广的乐曲，能驱走睡意，使人精神饱满，对一天的工作充满信心。三餐时间，以轻音乐作为背景最为理想，因为它会增强人的食欲。打击乐节奏明快、铿锵有力、音量大，吃饭时欣赏会导致心跳加快、情绪不安，影响食欲，有碍食物的消化。准备上床休息时，最好选择一些节奏舒缓、旋律优美、情绪平和的钢琴曲或弦乐曲，紧张情绪就会逐渐松弛下来。睡前忌听交响乐。交响乐有气势，起伏跌宕，激荡人心，会令人精神兴奋，难以入睡。

第四周星期日
· · ·
去旅行吧

　　旅游，是生活中最大乐事。一次愉快的旅游，会使你终生难忘。工作者长期固定在家和工作单位这"两点一线"之中，好像候鸟禁囚在鸟笼里一般，生活单调无味，长此下去就会闷出病来。这时如果换个环境，见到陌生的景色和陌生人，就可以放宽心胸去感受美好，从而产生美妙的体验。所以，放下工作，去旅行吧！

旅行的好处

旅行对我来说，是恢复青春活力的源泉。

——安徒生

日前高速运转的生活工作频率，使人越来越感到生活的压力过大，所以需要在一些假日放松自己，外出旅游。旅游是一种高级的精神享受，是在物质生活条件获得基本满足后出现的追享欲求。求新、求知、求乐是旅游者心理的共性。旅游者千里跋涉，就是想领略异地的新风光、新生活，在异地获得平时不易得到的知识与平时不易得到的快乐。旅游能给人们带来新的见识，增进对各地了解，丰富人文知识。

俗话说"见多识广"，我们在旅游中能看到各种稀奇古怪的东西，能听到许多奇闻逸趣和民间传说，也能尝到天南海北的名菜佳肴和风味小吃。旅游中也包含着运动，不知不觉给人带来了一次锻炼身体的机会。

旅游过程中有七"要"七"忌"需要注意：

一要有周密的旅游计划。事先要制定时间、路线、膳宿的具体计划和带好导游书、车船时间表及必需的行装。

二要注意旅途安全。旅游有时会经过一些危险区域景点，如陡坡密林、悬崖蹊径、急流深洞等，在这些危险区域，要尽量结伴而行，千万不要独自冒险前往。

三要讲文明礼貌。任何时候、任何场合，对人都要有礼貌，事事谦逊忍让，自觉遵守公共秩序。

四要尊重当地的习俗。俗话说"入乡随俗"，要尊重旅游地人民的传统习俗和生活中的禁忌，切不可忽视礼俗或由于行动上的不慎而伤害对方，引起麻烦。

五要爱护文物古迹。旅游者每到一地都应自觉爱护文物古迹和景区的花草树木，不在景区、古迹上乱刻乱涂。

六要注意卫生与健康。旅游在外，品尝当地名菜、名点，无疑是一种享受，但一定要注意饮食饮水卫生，切忌暴饮暴食。

七要警惕上当受骗。"萍水相逢"时切忌轻易深交，勿泄"机密"，以防上当受骗造成自己经济、财物上的损失。

旅游途中的禁忌是：

一忌走马观花。旅行目的是愉悦身心，增长见识，如果每到一地而不去细心观察鉴赏当地的风土，则失去了旅行的意义。

二忌行李过多。旅行时带过多的物品是没意义的，是旅行的累赘。带在身边，行动又不方便；放在旅馆，又不安全。所以提倡"一包政策"：所有行李只需一个背囊或旅行箱。

三忌惹是生非。出门在外人生地不熟，要少生闲气少惹事。

四忌分散活动。如果是一伙人去旅游，最好不要各有各的节目。至少保持两三人的人数才分散活动，切忌单独外出。

五忌人财分离。要小心保管好自己的财物。

六忌忽略孩子。孩子时刻需要大人的关照，如果想要自己享受旅行的乐趣就尽量不要带孩子一起旅行，年龄太小的孩子也不适于和家长一起旅游。可以在适当的时候安排亲子行。

七忌不明地理。每到一地都要先买份地图，既可作走失时应急之用，也可留为纪念。

一次行程紧凑的旅游活动也会带来身体的疲劳，所以在安排旅行的时候要做好准备。首先，携带的物品要因人、因时、因地而异，去

海滨不要忘带游泳用具，去山区就要带防虫、防寒的长袖衣裤。除了换洗衣物之外，洗漱用具、地图、记事本、票证、药品、照相机、太阳镜等都是不可或缺的装备。

旅游过程中时常有乘车乘船的需要，对晕车、晕船者是个考验。预防晕车、晕船要注意，乘车乘船时不能空腹，也不能吃得过饱，并且宜吃清淡易消化的食品，吃东西与开车船时间，要有一定间隔，在开车船前半小时服 1 片"乘晕宁"等治疗眩晕的药物。上车、船后，最好挑前边靠窗通风的座位，尽量减少视觉刺激，最好是闭目养神，不看窗外移动的景物。

初到一个地方，人们易出现消化不良、腹痛、便秘、失眠等症状，即所谓"水土不服"。这是由于微量元素摄取不足或过剩所造成的。微量元素是人体必不可缺的，人主要是通过食物来摄取微量元素，其含量与当地的土壤与水分有极密切的关系。建议携带家乡的蜂蜜、茶叶等食品，有助于较快适应新环境。

有的人由于乘车船、站立或行走的时间过长，容易发生腿肿。这种现象，在医学上称为"旅游性水肿"。预防办法有：妥善安排旅游时间和路线，不要搞得太紧张、太疲劳；乘车船要注意变换体位，站立、行走一段时间后，要坐一会儿或躺一会儿，最好把两腿翘起来；每天游玩回来后，最好洗个热水澡，使血液循环加速。

出门旅游之前，不妨购买适当的人身保险。旅途过程中的安全保障是不容忽视的，但是发生意外也是难免的事。如果保险意识不强，发生事故后，给自己带来了巨大的经济损失，既没有了旅游的心情，也损失了钱财。

结束假期行程之后，要让旅游带来的愉快心情延续下去，也要尽快让自己的身心回到工作状态上来。也给同事或朋友看看照片，讲讲趣事，分发带回来的小礼物；切不可被懒惰的心理和五光十色的度假记忆所迷惑，要暗示自己：回到原来的生活，把度假旅游的好处和心情同工作的价值联系起来，找回原有的生活节奏。

多一天亲近自然

> 我不是不爱人类，而是更爱大自然。
>
> ——乔治·戈登·拜伦

都市人被长时间围困在钢筋水泥建筑里，终日里听到的是机器的隆隆声、各种车辆的马达声和城市的嘈杂，一旦面对湖光山色、绿水青山、莺歌燕舞、蓝天白云的大自然，一定会情不自禁地欢呼："我爱你，大自然，太美了！"

我们的国家幅员广阔，一年四季之中处处有景，处处可游：登清幽之山，可令人们情绪安宁；临万渊之水，可令人心旷神怡；春天踏青，可顺应生发之机，移情易性；夏天玩水，则使心火顿消，暑热畅解；秋天登高，可令呼吸顺畅，增强心肺功能；冬天踏雪寻梅，也不失别有一番风情。大自然是我们心灵最好的休息港湾。如果你为工作烦躁，抑或是为生活不安，不妨走进大自然，让自己的内心真正地安静下来。人只有到了自然之中，才会感到与它的和谐，进而找到真正的自我。

生活在大都市的人，自己身处于浑浊的空气中而不自觉，只要一到深山树林之处，或者郊野之处，便会觉得空气清新了许多，精神也不禁为之一振。这是因为新鲜空气中的负氧离子含量高。经研究表明，

负氧离子含量若小于每立方米 25 个，人就会出现恶心、头痛、晕眩、疲劳的症状，而含量大于每立方米 1 万个，人就会因代谢活跃而心情舒畅，食欲增加，精力充沛。城市街道、尤其繁华地段负氧离子很少，但乡村、山地则较多，海边、瀑布等地含量更多。所以，一般的疗养院都修在山明水秀之地，这就是因为生活在空气新鲜的地方，既可预防疾病，保持身体健康，又能对某些疾病起到良好的康复治疗作用。

野外活动和城市旅游不同，具有一定的危险性，所以在亲近自然，开展野外活动之前，必须制订一个详细的活动计划。首先要确定野外活动内容，以休闲为主，还是以探险为主。若是探险活动，那么还必须收集一些背景资料，如危险性和成功的可能性，地理、气象和民俗等方面的资料，掌握前人成败的经验和教训。探险活动前期必须进行技术和体能的训练。

活动项目必须是可行的，野外活动具有一定的挑战性和危险性，有些活动在技术、体能和经验方面要求具备一定水准，因此，任何超过自身能力范围的项目，尽管很刺激、很具吸引力，也不要轻易去冒险。探险活动不冒险，切忌单凭热情或为争一口气而贸然行事。近年来有不少"驴友"遇难的悲剧发生，很多都是准备工作做得不充分，活动过程中遇到危险困难贸然前进造成的。

然后要根据野外活动内容确定人员组成，或根据人员组成确定活动内容。怎样合理安排需要组织者悉心地筹划。比如，人数较多时可以安排野外露营、徒步登山等活动，而不宜进行攀岩活动，若仅仅是几个志同道合的朋友相约出行其安排则具有较大的灵活性。

合理安排野外活动日程，以在有限时间里使大家都能够得到最大快乐，是计划完善与否的关键。一般的野外活动大多在周末，在活动场所与食宿地之间的往返要花掉一部分时间，因此交通、食宿与活动要作充分的考虑。

一旦确定了野外活动计划，下一步便是着手进行各项准备工作，准备工作包括针对活动项目的专项技术和体力的锻炼，物资装备以及食品的整理和筹措。

野外活动项目中具有技术成分的项目，比如攀岩、溯溪等，在活动之前应在资深教练的指导下进行训练。如进行自然岩壁的攀登，事先可在人工场地练习数次，掌握基本的技术要领，这样在野外的自然岩壁上攀爬起来才能更好地享受到攀岩的乐趣。大型活动，需要特殊装备或时间较长活动，如登山、漂流，需要认真做好准备工作，根据人数和活动时间列出所需各种物品的清单，然后逐一进行准备。

"安全第一"是野外活动必须遵循的首先原则，无论是什么内容或形式的野外活动都可能出现意外，因此安全是组织野外活动的前提。组织者必须充分考虑到各种危险因素，并预先采取防范措施，同时应加强大家的安全意识。组织实施野外活动是一件繁杂的事，应由热心而又具备组织才能的人来担当。在野外有时大家意见不统一的时候，这个人的作用便会充分发挥出来。一个人的作用总是单薄的，因此分工则显得尤为重要，交通、食宿、物品等需要有人负责，人数较多的时候可以分成几个小组分头进行，尽量使人员搭配合理。

在项目进行过程中经验丰富者具有举足轻重的作用，可以使活动的安全更有保障，也可以使大家的体验更加深刻，尤其对于技术性强的活动项目。

最后不要忽视善后工作，其实在活动结束最容易发生意外。这时大家都进入兴奋之后的疲劳，组织者应妥善安排善后事宜，使大家乘兴而来，满意而归。